Collection « Faits et idées »

JACQUES BOUVERESSE *Les Premiers Jours de l'inhumanité ; Les Foudres de Nietzsche et l'aveuglement des disciples*

ADELINE DE LÉPINAY *Organisons-nous ! Manuel critique*

COLLECTIF *Notre corps, nous-mêmes*

JULIAN MISCHI *Le Parti des communistes. Histoire du Parti communiste français de 1920 à nos jours*

CLARA ZETKIN *Je veux me battre partout où il y a de la vie*

PETER COLE, DAVID M. STRUTHERS, KENYON ZIMMER (dir.) *Solidarité forever. Histoire globale du syndicat Industrial Workers of the World*

LOUISE MOTTIER *Les Conquérants. Avec les mineurs non accompagnés*

MAGALI DELLA SUDDA *Les Nouvelles Femmes de droite*

ELVIRE DUVELLE-CHARLES *Féminisme et réseaux sociaux. Une histoire d'amour et de haine*

LOUISE MOREL *Comment devenir lesbienne en dix étapes*

ALEXANDRA FRÉNOD & CAROLINE GUIBET-LAFAYE *On ne va pas y aller avec des fleurs. Violence politique : des femmes témoignent*

LE SYNDROME DU PATRON DE GAUCHE

MANUEL D'ANTI-MANAGEMENT

Convaincu·es que l'écriture inclusive pose des questions essentielles mais n'y apporte pas encore de réponses pleinement satisfaisantes, nous avons choisi pour chaque livre publié, en accord avec son auteur·rice et selon l'avancée des débats en cours, des solutions adaptées au sujet abordé et au public visé.

Conception graphique et couverture
r2 | Katja van Ravenstein

Mise en page
Abble

Édition
Marie Hermann

Relecture
Camille Enrici

42, rue Saint-Saëns 13001 Marseille
www.horsdatteinte.org

3e impression

ISBN : 978-2-38257-073-9
ISSN : 2677-8017

LE SYNDROME DU PATRON DE GAUCHE

MANUEL D'ANTI-MANAGEMENT

Arthur Brault-Moreau

AVERTISSEMENT DE L'AUTEUR

Dans ce livre, j'ai décidé d'utiliser le langage inclusif, dont suffisamment de textes et de recherches montrent la nécessité pour que je n'aie pas à en développer plus longuement les raisons. J'ai principalement eu recours au point médian.

En revanche, j'ai fait le choix de ne pas l'utiliser pour parler des patrons de gauche. Je décris ici un concept que j'appelle « syndrome du patron de gauche » pour renvoyer à des comportements managériaux plus qu'à des personnes en particulier. L'emploi de l'écriture inclusive n'a pas de sens dans ce cas selon moi, d'autant que ces comportements managériaux s'appuient sur des codes appartenant à des systèmes d'oppression actuellement en place, notamment virilistes.

À Coppélia,
À tous·tes cell·eux qui résistent.

« J'crois qu'c'est l'heure, ding-dong. »
Aya Nakamura, *Pookie*, 2018

« Il n'est pas de sauveurs suprêmes,
Ni Dieu, ni César, ni tribun,
Producteurs, sauvons-nous nous-mêmes ! »
Eugène Pottier, *L'Internationale*, 1871

INTRODUCTION

« Les pires patrons, c'est les patrons de gauche »

C'est avec cette phrase que mon père avait l'habitude de terminer ses anecdotes à propos du monde du travail. Selon lui, les patrons qui se situaient à gauche de l'échiquier politique étaient rompus aux pratiques brutales voire illégales au travail – non-respect des horaires, pressions sur la charge de travail, menaces de licenciement… Cette petite phrase me paraissait toujours un peu exagérée, je me disais que des patrons véreux ou harceleurs, il y en a partout. En tout cas, elle faisait mouche dans les discussions avec mes parents, tous deux syndicalistes et électeurs de gauche. Et elle exprimait assez bien la déception ou la frustration qu'on peut ressentir lorsqu'on subit des conditions de travail délétères dans un environnement qui se prétend alternatif et à contre-courant du modèle dominant. Je ne pensais pas qu'un jour, j'en viendrais moi aussi à prononcer cette phrase. Ni que j'en ferais une enquête.

Issu de la classe moyenne de banlieue parisienne, j'ai eu un parcours de bon élève aisé puis l'opportunité d'étudier à Paris : j'ai effectué trois années de classes préparatoires puis un master à Sciences Po. Une fois diplômé, j'ai envoyé une candidature spontanée pour obtenir un poste auprès d'une élue de gauche. Quelques semaines plus tard, j'entrais dans son équipe.

J'avais déjà travaillé comme serveur puis comme cuisinier, parmi d'autres petits boulots. Mais c'était la première fois que je me retrouvais à exercer un poste à responsabilité, en CDI et dans un environnement revendiqué à gauche. Par principe plus que par nécessité – en tout cas au début –, je me suis syndiqué. Puis, l'enthousiasme des premiers jours a laissé place à la fatigue des semaines à cinquante heures et plus, à la pression psychologique et au constat quotidien que la réalité de mon travail était très éloignée des valeurs défendues par mon employeuse. Au fur et à mesure, mon engagement syndical m'a conforté dans mes premiers constats : travailler avec quelqu'un qui se situe à gauche ne garantit en rien que le droit du travail soit respecté.

Les patrons de gauche ne sont sans doute pas les pires patrons, mais force est de constater qu'ils peuvent en revêtir toutes les caractéristiques. Il m'a semblé qu'il y avait quelque chose à creuser là-dessous. Comment expliquer de si grands décalages entre les valeurs portées par des employeurs et leurs pratiques dans leurs propres organisations ? Pourquoi ces employeurs « militants » ne proposent-ils que très peu d'expériences alternatives au salariat ? Et pourquoi, à l'inverse, observe-t-on autant d'épisodes de souffrance au travail, parfois pires que dans les entreprises classiques ?

Transformer la colère en manuel de développement collectif

Cette enquête trouve son origine dans mon expérience de salarié d'une élue. Pendant les dix-neuf mois que j'ai passés à travailler avec elle, j'ai été dans l'ensemble assez satisfait de mon poste. J'apprenais énormément de choses, je découvrais l'activité d'attaché d'une élue, l'élaboration de propositions politiques, l'organisation d'événements et de rencontres avec des collectifs ou des associations… Pourtant, des dynamiques moins réjouissantes sont progressivement apparues. Mon engagement syndical était mal vu ; lorsque j'énonçais des doutes ou des difficultés, on me qualifiait de « particulièrement sensible » avec des références implicites et récurrentes à mon identité gay. Et quand nous avons commencé à porter des revendications communes avec mes collègues, tant sur l'organisation que sur nos conditions de travail, la situation a explosé.

Nous exigions simplement le même traitement que les collègues occupant des postes équivalents auprès d'autres élu·es. Nous nous sommes pourtant retrouvés qualifiés de « profiteurs », et notre employeuse nous a répondu qu'« il n'y a[vait] pas de dialogue social ici » et que si nous voulions des relations patron-salariés, nous allions les avoir.

J'ai alors commencé à faire l'objet d'un traitement délétère de la part de mon employeuse : cris, attaques personnelles, références déplacées à mon homosexualité, menaces de sanctions, manœuvres pour me pousser à la faute... Je lui ai demandé une rupture conventionnelle, ce à quoi elle a répondu qu'elle était très satisfaite de mon travail et qu'elle ne signerait rien à moins d'une faute grave. Si je voulais partir, je pouvais toujours démissionner. Rester n'était pas une option, démissionner non plus – impossible pour moi de partir sans allocations chômage ni aucune perspective.

S'est alors ensuivie une période où les tentatives de m'épuiser et de me faire craquer se sont multipliées, puis j'ai fait des malaises au travail, qui ont débouché sur plusieurs semaines d'arrêt maladie. Avec mes collègues, nous sommes passés à l'offensive et avons menacé de révéler ce cas à la presse puis de monter une action syndicale visible. On nous a répondu que ce serait la honte de notre structure politique et un cadeau fait à nos ennemis. Quelques jours après, j'ai enfin signé une rupture conventionnelle et j'ai pu partir.

J'ai alors passé plusieurs semaines à récupérer et à réfléchir. Je n'ai jamais accordé une confiance aveugle à l'organisation dans laquelle je travaillais, à mon employeuse ni même à la gauche en général. Mais ça a été ma première expérience de souffrance au travail, principalement marquée par un décalage entre le discours tenu en public par l'organisation et le traitement qui m'était réservé.

« Les pires patrons, c'est les patrons de gauche » : cette phrase m'est revenue comme en écho. J'ai décidé de transformer ma frustration en analyse politique, ma colère en lutte. En racontant mon histoire à mon entourage, j'ai entendu d'autres histoires assez similaires et, presque sans m'en rendre compte, j'ai démarré une enquête. J'ai reçu des propositions de témoignages et le bouche-à-oreille s'est mis en marche.

J'ai mené des entretiens, lors desquels certains comportements, enjeux, thématiques revenaient souvent : un refus de l'employeur de s'assumer comme tel, un décalage entre le discours et le pratiques, un non-respect des droits des salarié·es et notamment de la liberté syndicale… J'ai poursuivi mes entretiens en ciblant des secteurs, des profils et des conflits variés. Je suis finalement arrivé à cinquante-neuf entretiens avec des salarié·es, quelques employeur·euses et des chercheur·euses.

Ce livre ne restitue pas une étude scientifique, il ne se réclame pas d'une représentativité irréprochable. Dès le début, j'ai envisagé cette enquête comme une vengeance, un moyen de rendre les coups que j'avais subis et de retrouver ma dignité. J'ai d'abord eu un peu honte de cette posture, mais avec le temps, j'ai fini par la revendiquer : loin d'une vengeance malsaine et irréfléchie, il s'agit d'une démarche constructive, collective, et d'un projet politique.

Libérer la parole ou tirer sur son propre camp ?

En cherchant à mieux comprendre ce qui m'était arrivé, j'ai donc réalisé que nous étions un certain nombre à avoir des vécus similaires. Mon constat de départ était que l'expérience du salariat dans les organisations de gauche est souvent passée sous silence, impensée, et pourtant génératrice de nombreuses frustrations et souffrances. J'ai choisi de commencer mon enquête en recueillant la parole de salarié·es issu·es de différents secteurs, confronté·es à des contextes et à des situations parfois proches, parfois bien distinctes. Mais, au-delà des enjeux spécifiques posés par l'environnement de travail et le secteur professionnel, j'ai identifié d'autres critères à prendre en compte. En ce qui me concerne, le fait d'être gay a eu un impact sur mon expérience, tout comme mon origine sociale, et le fait d'être blanc. Pour saisir au mieux les enjeux de pouvoir au travail, je ne pouvais me limiter au seul critère de la relation de subordination salariale : les dominations notamment raciale et hétérocispatriarcale[1] s'appliquent aussi dans les relations de travail. C'est principalement en écoutant des personnes concernées par ces oppressions que j'ai pu envisager leurs conséquences sur le travail et plus particulièrement sur le travail à gauche.

Au commencement était donc la libération de la parole : ces entretiens m'ont permis de sortir d'un point de vue individuel pour adopter une approche collective. Et cet acte – parler de la gestion des salarié·es à l'intérieur d'une organisation se revendiquant engagée à gauche – n'avait rien d'évident. D'abord parce que la plupart de ces organisations n'en parlent jamais. Ensuite parce que cet acte revenant à briser un tabou peut ressembler à une remise en cause. Et si le fait d'aborder ce sujet en interne représente un risque pour les salarié·es, en parler publiquement pourrait constituer une trahison envers l'organisation concernée, voire l'ensemble

1 Ce concept renvoie à un système politique et social où le genre cis-masculin (c'est-à-dire lorsqu'une personne s'identifie au genre assigné à sa naissance) et l'hétérosexualité dominent d'autres genres et orientations sexuelles. Sur les enjeux de la domination raciale et hétérocispatriarcale au travail, voir notamment *Survivre au taf. Stratégies d'autodéfense pour personnes minorisées* de Marie Dasylva (Daronnes, 2022) et *L'Homme politique, moi j'en fais du compost*, Stock, 2022.

du camp progressiste et de la gauche, au profit de nos adversaires. Ce point m'a d'abord fait douter : dans quelle mesure une telle enquête pouvait-elle être bénéfique à la lutte des travailleur·euses ?

L'idée qu'il faudrait choisir entre les intérêts du camp progressiste et la défense de ses salarié·es m'est alors apparue comme caractéristique d'un comportement de patron de gauche : un chantage politique pour s'assurer du silence des salarié·es. Pour me lancer dans cette enquête, il m'a fallu répondre à ce chantage, ou plus exactement en sortir. J'en suis venu à l'idée que ce sont les pratiques délétères des patrons de gauche qui portent préjudice à l'ensemble de la gauche, et non la dénonciation desdites pratiques. La libération de la parole des salarié·es n'est pas une menace pour le camp progressiste mais, au contraire, l'occasion de retrouver une cohérence entre discours et pratiques. À mes yeux, cette enquête relève avant tout d'un projet militant, et consiste à sortir du cercle vicieux où le fait que les salarié·es d'une organisation se sentent en accord avec son projet politique serve de bâillon aux revendications salariales.

La recherche de témoignages ne s'est pas avérée être la tâche la plus compliquée de l'enquête : il m'a suffi de l'évoquer à diverses occasions pour qu'on me propose un entretien ou le contact de connaissances ayant « beaucoup à raconter ». J'ai constaté un réel besoin de parler, de sortir les frustrations individuelles du seul cadre de la vie privée des salarié·es pour les faire entrer dans une revendication plus collective, démarche que l'on peut retrouver dans le syndicalisme en général et dans les mouvements antiracistes, queers et féministes. L'acte de témoigner a tantôt été vécu comme l'actionnement d'une sonnette d'alarme, comme pour dire «à gauche aussi, on souffre au travail», tantôt comme le début d'une thérapie.

Comprendre pour mieux combattre

Cette démarche suppose d'adopter une posture syndicale et d'assumer l'existence de rapports de pouvoir au travail. Là où il y a des salarié·es, il y a de la subordination; donc des outils de lutte et des contre-pouvoirs sont nécessaires.

Cela implique d'assumer le fait qu'au sein d'une organisation, le pouvoir soit organisé et réparti de façon hiérarchique; que des rapports de domination s'exercent à travers le salariat, mais aussi la domination blanche, masculine, cisgenre, validiste ou hétéronormative; et que le fait que les salarié·es ou leur employeur exercent une activité militante au sein de leur travail ou ailleurs ne change rien à l'affaire. Le rôle d'un·e syndicaliste est alors de dénoncer les pratiques néfastes et de participer à l'organisation des travailleur·euses. C'est un des objectifs de cet ouvrage.

Un autre objectif est de fournir une analyse de la situation de ces organisations, essentiellement depuis le point de vue des salarié·es. Il s'agit de saisir des comportements récurrents des employeurs de ces organisations, de les nommer et de les comprendre.

Plus largement, il s'agit d'envisager des solutions alternatives, de dépasser la recherche d'une simple réponse aux pratiques néfastes des employeurs pour mettre en lumière des expériences de gestion alternative des rapports de pouvoir au travail.

Le « patron de gauche », chimère ou syndrome ?

Au fur et à mesure, cette enquête s'est avérée plus compliquée que je ne le pensais. Pour commencer, l'identification de ma cible n'a pas été évidente : le concept même de « patron de gauche » mettait certain·es mal à l'aise, semblait chimérique ou oxymorique à d'autres. Ensuite, il s'est agi de circonscrire mon sujet : au regard des études qui existaient déjà sur les secteurs du monde associatif[2] ou de l'Économie sociale et solidaire (ESS)[3], je me suis aperçu que la question du salariat dans les organisations de gauche était très peu abordée en tant que telle : il m'a semblé qu'il manquait une perspective globale. Enfin, j'ai eu le sentiment que mon enquête flottait entre différents registres : ni thèse sociologique, ni essai philosophique, ni article journalistique, pas non plus un manifeste syndical ni un manuel de management... et pourtant, un peu de tout ça en même temps.

Restait à mes yeux à déterminer la pertinence de mon enquête. Si un consensus existe autour de l'expression « patron de gauche », c'est avant tout pour s'y opposer. L'expression fait rougir les employeurs et soupirer les chercheur·euses. Pour les premiers, c'est le

2 Voir notamment les travaux de Maud Simonet (*Le Travail bénévole. Engagement citoyen ou travail gratuit ?*, La Dispute, coll. « Travail et salariat », 2010) et de Mathieu Hély (*Les Métamorphoses du monde associatif*, PUF, coll. « Le lien social », 2009).

3 Notamment la thèse de la chercheuse Diane Rodet *Une production engagée : sociologie des labels, chartes et systèmes participatifs de l'économie solidaire* (2013) ou son article « Jeunes travailleuses et travailleurs de la production engagée : articuler activité professionnelle et convictions dans un engagement professionnalisé », *La Revue de l'Ires*, vol. 99, n° 3, 2019, p. 11-36.

terme « patron » qui pose problème, auquel ils préfèrent le terme « employeur », plus policé. Parfois, ils vont jusqu'à contourner le problème en parlant de « simples formalités administratives », quand ils ne nient pas purement et simplement leur responsabilité d'employeur. Les chercheur·euses reprochent à cette expression son manque de rigueur scientifique : qu'est-ce que la « gauche », qu'est-ce que le « camp progressiste », où commencent-ils, où finissent-ils ? En outre, du côté des militant·es politiques ou syndicaux, c'est justement ce caractère fluctuant et flou du terme « gauche » qui pose problème.

J'ai compris que l'intérêt de cette expression ne résidait pas dans le vécu de ces employeurs ni dans une perspective sociologique ou scientifique : c'est ailleurs que j'ai dû lui trouver un sens. Cette notion est celle choisie par les salarié·es concerné·es. C'est dans ces termes qu'ielles évoquent leurs situations. C'est aussi ainsi qu'ielles raccrochent leur vécu personnel à celui d'autres salarié·es. Quand on parle de « patron de gauche », leurs salarié·es savent de qui et de quoi on parle. Or ce livre se veut avant tout un recueil d'expériences de salarié·es.

Un autre intérêt que présente cette notion est qu'elle exprime une tension majeure à l'œuvre dans les organisations de gauche : celle qui existe entre la fonction employeur et certaines valeurs militantes. Parler de « patron de gauche » apparaît presque comme un oxymore, et c'est justement son intérêt. Elle interroge le fait d'être à la fois « patron » et « de gauche » avec un va-et-vient entre les enjeux liés à la fonction employeur et ceux liés aux valeurs militantes. Je suis par ailleurs convaincu que le rejet de l'expression «patron de gauche» par les employeurs renvoie précisément à un malaise et à une volonté de garder le silence sur ces enjeux.

Au-delà de son aspect provocateur, cette expression n'est évidemment pas exempte de limites. La première concerne le fait que l'identité «patron de gauche», à laquelle on attribue certaines conséquences, pourrait ne constituer qu'un facteur parmi d'autres. Une grande diversité d'éléments entre en compte lorsqu'il est question du salariat dans les organisations de gauche: la taille de l'organisation, sa structuration, son statut ou sa forme juridique, son secteur d'activité, ses effectifs, son modèle économique ou son capital... De même, la situation de l'organisation varie en fonction de son objet social, de son histoire, de son réseau, de son environnement ou de son rapport aux institutions, mais aussi de la personnalité de l'employeur et de ses salarié·es et proches. À cela s'ajoute l'intersection entre les rapports de subordination salariale et les oppressions systémiques liées au racisme, au sexisme, à l'homophobie, au validisme ou au classisme. Sans oublier certaines méthodes de management brutal fréquemment constatées dans le monde de l'entreprise. Il est ainsi indéniable que tout ne se résume pas aux comportements de l'employeur.

Pourtant – c'est plus une hypothèse que le résultat d'une analyse scientifique – je pense que la façon dont sont géré·es les salarié·es dans les organisations de gauche est bel et bien spécifique. Le contexte de travail y est souvent marqué par des discours de l'employeur en faveur des droits des salarié·es et d'une gestion alternative au modèle dominant, sans que la pratique soit forcément en accord avec la théorie. C'est ainsi l'enjeu clé de cette enquête : le rapport entre l'engagement militant (« de gauche ») et la fonction employeur (« patron »). Quelles conséquences cela a-t-il sur la relation de travail ? Y compris en ce qui concerne des éléments résultants d'autres facteurs – économiques, sociaux, identitaires –, il me semble pertinent d'analyser la façon spécifique dont ces employeurs au discours militant réagissent à des problèmes communs au monde de l'entreprise.

On entrevoit alors mieux l'intérêt de l'expression « patron de gauche ». Il ne s'agit pas tant pour moi de défendre l'idée qu'il existe réellement une telle catégorie de personnes ou un tel objet d'étude que de prendre au sérieux les témoignages de leurs salarié·es, voire de dresser un portrait des patrons de gauche et de leurs pratiques. En somme, le principe est d'étudier le comportement de ces employeurs à partir de descriptions qu'en livrent quelques-uns d'entre eux, mais surtout leurs salarié·es ; de partir avant tout de témoignages de ces dernier·es, de leur vécu, de leur analyse des pratiques de leurs employeurs. Ce qui m'intéresse n'est pas tant la réalité des pratiques des employeurs que leur impact sur les salarié·es et les stratégies de défense à leur disposition. Il s'agit d'une enquête sur les enjeux posés par les « patrons de gauche » plus qu'une étude sur les « patrons de gauche » en tant que tels.

Ces descriptions m'ont ainsi permis d'identifier une série de comportements qui sont revenus de façon récurrente et similaire, des symptômes constituant pour ainsi dire un syndrome.

Une fois ce syndrome défini, j'ai décidé de réexaminer la diversité des situations vécues par les salarié·es en apportant des outils d'analyse, des pistes de solutions et des enjeux de lutte. Penser le « patron de gauche » comme un syndrome est ainsi le premier pas pour le combattre et lui opposer des alternatives.

Pour un manuel d'anti-management

Le management a été pensé par et pour les employeurs et leurs managers afin d'optimiser la gestion de leur main-d'œuvre. Les formations et les manuels de management transpirent le fantasme d'une meilleure subordination, d'un meilleur engagement, d'une moindre résistance des salarié·es. C'est d'ailleurs le premier argument de la gauche pour se désintéresser de cette thématique : il s'agirait du domaine des patrons, des capitalistes. Pourtant, la gauche est doublement concernée. D'abord parce qu'il est de son ressort de remettre en cause l'ordre capitaliste actuel et de défendre la lutte des travailleur·euses. Ensuite parce qu'elle emploie des salarié·es et occupe donc elle-même la fonction employeur.

Quel espace l'anticapitalisme nous laisse-t-il pour penser les pratiques de gestion des salarié·es ? La plupart des productions académiques, politiques et syndicales semblent laisser cette thématique aux employeurs et aux libéraux. Mais pourquoi ne pas contre-manager les managers ? Pourquoi ne pas disrupter les fans de la disruption ? Pourquoi ne pas retourner les armes de l'adversaire contre lui ?

Renversons la logique habituelle : plutôt que de laisser les patrons partager leurs pratiques, élaborer ensemble des théories managériales, systématiser des fonctionnements et constituer des courants de pensées qui s'adaptent aux changements sociaux et économiques, il s'agirait d'inviter des salarié·es à partager leurs expériences, aussi bien sur les pratiques de leurs employeurs que sur les luttes menées, les alternatives trouvées, les victoires obtenues.

Ce livre a pour ambition d'être un outil au service de la lutte des travailleur·euses, un manuel d'anti-management qui invite à l'insubordination.

« Anti-management » car il s'agit d'assumer l'existence du management et une réflexion à son sujet. L'assumer, mais pour s'y opposer, pour chercher à le combattre en en renversant la logique : un manuel de management à destination des salarié·es pour mieux identifier et déjouer les stratégies managériales.

Pour cela, je me suis appuyé sur des recherches concernant de près ou de loin les méthodes de gestion des salarié·es dans les organisations de gauche. *Patrons en France*, de Michel Offerlé[4], dresse à partir de leurs témoignages un portrait de différents patrons, de leurs engagements politiques et de leurs réflexions. *Le Maniement des hommes. Essai sur la rationalité managériale*, de Thibault Le Texier[5], m'a permis de m'intéresser

4 La Découverte, 2017.

5 La Découverte, 2016. Thibault Le Texier parle de « rationalité gouvernementale » au sens d'une « cohérence conceptuelle » issue de pratiques, de discours, de comportements.

aux pratiques de gestion des salarié·es à travers l'histoire du management. Le Texier présente ce dernier, en référence aux travaux de Michel Foucault, comme une rationalité gouvernementale, un « mode singulier d'exercice du pouvoir » qui constitue en soi une véritable « figure politique ». Selon moi, sa perspective invite à rechercher une rationalité dans les pratiques des employeurs sans les limiter à des actes isolés, à des éléments dépendant uniquement d'autres facteurs (économiques, sociaux) ; et à se libérer de la question des intentions de l'employeur. Penser le management comme une rationalité gouvernementale permet ainsi d'analyser la grande variété des comportements d'employeurs de gauche comme un système, un ensemble de symptômes constituant une même rationalité gouvernementale, un même syndrome.

Cependant, il était important pour moi de ne pas limiter ma réflexion à l'employeur officiel – celui qui signe le contrat de travail des salarié·es –, mais de penser aussi la façon dont les obligations et prérogatives de l'employeur sont assumées dans les organisations. La notion « fonction employeur » regroupe l'ensemble de ces obligations et prérogatives. Elle peut renvoyer à l'employeur légal et officiel, mais aussi aux autres personnes pouvant participer à cette fonction, par exemple les membres du bureau d'une association. La notion de « fonction employeur » est une invitation à penser la question de la gestion des salarié·es par l'organisation dans son ensemble : comment une organisation prend-elle en compte la question du salariat en son sein ? De quelle façon assume-t-elle la fonction employeur ?

À côté de la question de la fonction employeur s'est posée celle du sens de la notion « de gauche ». Comme dit plus haut, il ne s'agit pas de lancer un débat sur ses délimitations, d'abord parce que je souhaite laisser les acteur·ices s'auto-définir – est de gauche qui affirme l'être –, ensuite parce que j'identifie tout de même une relative constante : lorsqu'on étudie les pratiques de la fonction employeur dans la gestion des salarié·es, la gauche se singularise par un discours public prônant une remise en question du système capitaliste et/ou du modèle salarial en général. Elle représente ici un discours critique sur le monde du travail, qui constitue très souvent le cœur de son objet social ou, au moins, sa face visible.

Cette enquête embrasse un très large panel d'organisations et de secteurs, dont certain·es font déjà l'objet d'études scientifiques. C'est le cas du travail bénévole dans les associations étudié par Maud Simonet[6], de la professionnalisation de l'engagement militant dans les travaux de Julian Mischi[7] ou, plus généralement, du travail engagé chez Diane Rodet[8].

J'ai décidé de m'inspirer de la perspective de cette dernière, qui parle du secteur de la « production engagée » au sens d'une « activité de production exprimant explicitement des positions militantes », définition qui me paraît pertinente pour ce livre. On l'a vu, les différentes études qui envisagent cette question se fondent

6 Maud Simonet, *Le Travail bénévole…*, *op. cit.*

7 Julian Mischi, *Le Bourg et l'Atelier*, Agone, 2016.

8 Diane Rodet, « Jeunes travailleuses et travailleurs… », *op. cit.*

sur un critère sectoriel, s'intéressant au monde associatif, à l'ESS ou à la culture. Mon parti pris consiste à analyser le vécu au travail à partir d'une situation – la production engagée – plutôt que d'un secteur déterminé.

Restait à définir ce que j'entends par « travail » : pour cela, je me suis appuyé sur les travaux du sociologue François Vatin[9], qui le définit comme une activité productive – à quoi on peut ajouter, à partir de l'analyse de Silvia Federici[10], les activités productives invisibilisées, comme le travail domestique – et une organisation sociale. Ainsi, lorsqu'on parle de « travail », on se réfère aussi bien à une activité en elle-même qu'à un rapport social, au travail comme « relation de travail ». Ce sont ces deux volets qui m'intéressent : comment le travail s'organise à la fois comme activité et comme relation sociale. Là encore, les travaux de Thibault Le Texier m'ont été utiles, notamment lorsqu'il montre que le management actuel ne se limite pas à une organisation du travail, mais se focalise en grande partie sur le·la travailleur·euse pour susciter son engagement personnel dans le travail. Ainsi, il m'apparaît nécessaire de s'intéresser à d'autres formes de travail pour penser le salariat. Dans son ouvrage déjà cité, la sociologue Maud Simonet interroge le bénévolat comme une forme de travail. Elle analyse aussi la notion de travail

9 François Vatin, *Le travail et ses valeurs*, Albin Michel, 2008.

10 Silvia Federici, *Caliban et la sorcière. Femmes, corps et accumulation primitive*, Entremonde, 2017.

gratuit dans le passionnant *Travail gratuit : la nouvelle exploitation ?*[11]. S'appuyant sur des analyses féministes[12] et notamment celle du Black Feminism[13], elle montre que le travail gratuit repose sur un déni de travail approprié ou extorqué et pris dans des rapports sociaux de genre, classe et race.

Plus largement, je n'ai pas eu connaissance de beaucoup d'études sur la question du travail au sein d'organisations de gauche, et celles que j'ai trouvées sont très récentes. J'ai pourtant pu échanger avec le statisticien Thomas Coutrot, dont je partage en bonne partie l'analyse. Dans son ouvrage *Libérer le travail. Pourquoi la gauche s'en moque et pourquoi ça doit changer*[14], il prend cette question à bras-le-corps. Pour lui, le salariat reste un impensé de la gauche (aussi bien en général qu'en son sein), à l'exception des syndicats où la réflexion commence à se densifier. Or, il note lui aussi que la gauche pourrait être un laboratoire d'expérimentation mais que, généralement, les seuls constats et propositions de la gauche se cantonnent au salariat. Plutôt que de s'enfermer dans le salariat ou d'espérer la méthode parfaite, il faut selon lui chercher des alternatives en faisant des expériences et en en tirant des leçons.

11 Textuel, 2018

12 Voir notamment Christine Delphy, *Pour une théorie générale de l'exploitation. Des différentes formes d'extorsion de travail aujourd'hui*, Syllepse, 2017.

13 Voir notamment bell hooks, *De la marge au centre. Théorie féministe*, Cambourakis, 2017.

14 Seuil, 2018.

Cette réflexion a l'avantage de présenter les deux facettes de mon analyse : il s'agit de voir d'une part ce que la gauche fait du travail en tant qu'activité productive en son sein et, d'autre part, ce qu'elle apporte à la critique du modèle salarial comme relation de travail. Ce point m'a permis un rapprochement avec la réflexion d'Alexis Cukier dans *Le Travail démocratique*[15], où se pose la question de la vision ou de la conception du travail de la gauche. Derrière l'analyse et la critique des pratiques concrètes des patrons de gauche, la réflexion menée par ce dernier invite à s'interroger sur ce que ces pratiques internes peuvent dire ou montrer de la conception du travail par la gauche : que signifie le faible nombre d'expérimentations mises en place par la gauche pour expérimenter dans le travail les mesures qu'elle défend pour la société ? Qu'est-ce que le management des organisations de gauche dit d'elle, de son discours, de ses promesses ?

En définitive, cette enquête se veut une étude de la fonction employeur et, plus précisément, de la gestion des salarié·es dans les organisations de la production engagée à gauche.

Brefs éléments de méthode

Cette enquête a été réalisée dans différentes régions de la France métropolitaine. Mon manque de contacts et de connaissances sur la réalité des « départements ou

15 Alexis Cukier, *Le Travail démocratique*, PUF, coll. « Actuel Marx Confrontation », 2017.

régions d'outre-mer» expliquent ce champ d'analyse[16]. S'agissant du choix des témoin·es, j'ai procédé par ciblage (il m'est arrivé de contacter directement une organisation ou une personne, issue de mon réseau personnel ou non, pour creuser une question) et par bouche-à-oreille (les personnes que j'interrogeais m'en recommandaient d'autres, on parle en sociologie de la méthode «boule-de-neige»[17]). Les entretiens duraient entre une et deux heures, parfois plus. Ils étaient semi-ouverts : je m'appuyais sur une grille de questions même si je laissais en réalité place à l'échange et à la parole de la personne. Il m'est arrivé de poser d'autres questions que celles de la grille, ou d'en évacuer certaines, ce qui empêche un travail de statistique – mais là encore, il ne s'agit pas pour moi de chercher une représentativité ni une rigueur statistique. L'enquête a duré deux années : elle a commencé avec la publication d'une tribune avec le sociologue Simon Cottin-Marx[18].

Quelques informations supplémentaires sur les personnes interrogées. J'ai réalisé cette enquête à partir d'entretiens menés auprès d'un total de 59 personnes,

16 Sur ce sujet, voir notamment le blog de Joao Gabriel et ses textes sur la Caraïbe, la racialisation des questions de genre et de sexualité ainsi que ses réflexions sur le militantisme (dont l'article «Réflexions sur le militantisme : tout doit continuer», 20 novembre 2017, www.joaogabriell.com/2017/11/20/reflexions-sur-le-militantisme-i-tout-doit-continuer).

17 Méthode développée par le sociologue Leo A. Goodman (2020-1928) sous le nom *Snowball Sampling*, qui signifie «échantillonnage boule de neige», et qui consiste à contacter de nouvelles personnes à partir des personnes interrogées.

18 «Qu'est-ce qu'un patron de gauche ?», *Le Monde*, 13 avril 2019.

dont 45 salarié·es, 9 employeur·euses et 5 chercheur·euses. Parmi elles, 55 % s'identifient comme femmes, 12 % se sont présentées comme faisant partie d'une minorité sexuelle (LGBTQIA+), 11 % comme racisées non-blanches, et 3 % comme handicapées. Les personnes interrogées ont témoigné de leur expérience dans le secteur associatif (36 %), la culture et les médias (20 %), des organisations et institutions politiques (17 %), des syndicats (15 %), le reste (11 %) étant entre autres constitué d'entreprises de distribution alimentaire. Dans le but de protéger les personnes interrogées, j'ai décidé d'anonymiser l'ensemble des entretiens en modifiant le nom de la personne et de son organisation et en me limitant à des informations qui ne permettaient pas de l'identifier, voire, dans de rares cas – et seulement quand le témoignage n'abordait pas spécifiquement cet enjeu – en modifiant aussi son genre.

CHAPITRE 1

LE MANAGEMENT DÉGUISÉ.
QUAND L'EMPLOYEUR NE S'ASSUME PAS

Ligne politique, pudeur ou intentions antiautoritaristes : les explications et justifications du refus de l'employeur de gauche de s'assumer en tant que tel ne manquent pas. C'est sans doute le premier symptôme du patron du gauche que j'ai pu constater : il n'assume pas qu'il en est un. Il refuse aussi bien le terme et l'étiquette que la fonction et les responsabilités qui en découlent.

Comment analyser, alors, un management qui ne s'assume pas ? Comment étudier des pratiques de gestion du personnel dès lors qu'elles sont réputées ne pas en être ?

Le fait que l'employeur ne s'assume pas ne signifie pas qu'il n'agit pas comme tel. On peut alors parler d'un management d'évitement, un management déguisé mais un management tout de même.

§1 - MALAISE DE GAUCHE : CECI N'EST PAS UN PATRON

Avant toute chose, le déguisement du patron de gauche prend la forme d'un jeu de langage. Certains d'entre eux refusent le terme « patron » et préfèrent un vocabulaire plus neutre, technique et consensuel, comme « employeur ». D'autres refusent purement et simplement de se reconnaître comme tels et se présentent comme un simple membre de l'organisation dont ils font partie, un « camarade » parmi d'autres. Cette question de vocabulaire révèle une volonté d'édulcorer, de minimiser ou de nier la position d'employeur et semble toujours renvoyer à une même réalité : le malaise du patron à s'assumer comme tel.

J'en discute avec Xavier, militant anarchiste salarié depuis sept ans dans une association inspirée de l'éducation populaire. Face à la surcharge de travail et aux nombreuses heures supplémentaires auxquelles il a dû faire face, il a décidé de se syndiquer. Dans son témoignage, il insiste sur une situation où la fonction d'employeur est niée.

> – Je travaille sur un poste informatique avec des tâches différentes, un poste multifonctionnel. Dans cette association, la direction travaille beaucoup trop, facilement soixante-dix heures par semaine… et du coup, il est attendu qu'on travaille beaucoup, même si ce n'est pas formulé directement. Il y a une difficulté à nommer la souffrance au travail. Elle se voit, pourtant, il y a un gros turn-over et on

sent bien que quand il y a un problème, le salarié est isolé, y compris face à la direction. Car il n'y a pas de collectif salarié en tant que tel et le fait salarié n'est pas assumé. Parmi mes collègues, il y a des situations de vraie souffrance qui sont niées.
– Tu parles du « fait salarié », mais pour la fonction employeur, comment ça se passe ?
– Quand des salarié·es partent, le discours de la direction investit le terrain de la psychologie. Ils parlent de « personnes fragiles ». Les problèmes ne sont jamais considérés comme étant institutionnels, mais comme des problèmes de personnes. Et quand on essaie d'en parler avec la direction, ils renvoient à la dimension affective, sur le mode « je fais ce que je peux ». Alors que ce n'est pas le débat ! On a du mal à se placer dans un rapport salarié. Récemment, on a officialisé la création d'une antenne syndicale Asso[19]. Il y avait des collègues hostiles, des anciens du conseil d'administration, qui tenaient un discours du genre : « On n'aime pas cette formalité, on voudrait idéalement avoir le plus possible un fonctionnement horizontal, collégial, où chacun a sa place. Et après tout, on n'est pas dans une relation salariale classique. »

On décèle un sentiment de culpabilité lié à la fonction d'employeur dans les termes utilisés ou non par le patron de gauche. Ainsi, tout ce qui relève du champ

19 Syndicat regroupant les salarié·es du secteur associatif, membre de l'union syndicale Solidaires.

lexical de l'employeur, du patron, du « management » ou du salariat est généralement considéré comme libéral, apparenté à des valeurs de « droite ». Ce conflit lexical est typique du syndrome du patron de gauche : en rejetant les mots, celui-ci se prive de – ou plutôt s'épargne – toute réflexion sur le sujet. Cela explique aussi la gêne éprouvée face à l'expression « patron de gauche », qui souligne le paradoxe de la situation. En outre, si ce conflit ne se résume évidemment pas à une bataille de mots, il n'en est pas moins nécessaire de commencer par appeler un chat, un chat et un patron, un patron. La bataille des mots est une première étape pour la bataille sociale. En assumant la réalité de la relation, soit une relation salariale, on permet une prise en compte des obligations de l'employeur et des droits des salarié·es, et on sort du silence imposé sur les souffrances et les conflits existants. De ce point de vue, une réponse au syndrome du patron de gauche pourrait consister à imposer un discours du réel. C'est sur ce point que se poursuit l'échange avec Xavier :

> – En fait, ton employeur refuse avant tout d'assumer toute sorte de conflit, de souffrance…
> – C'est ça. Pour moi, ça reflète bien la structure militante. Comme les membres de la direction ne sont pas à l'aise avec leur fonction patronale, il y a un déni de la fonction et des responsabilités inhérentes. C'est le cas pour le temps de travail, il y a aussi des conflits entre salarié·es notamment du fait de la pression collective. Le conseil d'administration refuse d'intervenir car ils ne veulent pas faire

de gestion du personnel: « C'est compliqué, telle personne dit ça, l'autre ça. » Avec ce discours, les conflits s'enveniment car il n'y a pas de tiers qui intervient. Le conseil d'administration a du mal à se vivre comme employeur, ils font comme si les gens ne s'aimaient pas. Mais les postes et les conflits liés à ces postes relèvent de leur responsabilité. C'est eux qui les ont mis en place.

– Dans ce cas, la solution serait tout simplement que l'employeur assume sa position ?

– Sur les patrons de gauche, je pense qu'il faut désindividualiser la question. Il faut sortir de l'idée selon laquelle tu es un patron donc c'est mal, tu culpabilises d'être patron et du coup tu ne le fais pas bien. Il faut assumer de donner des ordres. On fonctionnerait mieux dans un cadre où la question du pouvoir serait réfléchie de manière claire, où les responsabilités seraient clairement définies plutôt qu'un gloubi-boulga où il y a de l'affectif de tous les côtés. Actuellement, quand tu critiques des décisions, les personnes le prennent personnellement alors que c'est leur fonction qui est visée.

– Qu'on soit militant anarchiste ou pas, dans le cadre du salariat, notre patron doit assumer de donner des directives...

– La fonction employeur existe, c'est une fonction de pouvoir. Les personnes concernées doivent la considérer comme telle, l'assumer et y être formées. Les patrons classiques ne cherchent pas forcément à faire croire qu'ils sont sympas. Je pense qu'il y a moins de souffrance quand les rapports de pouvoir sont posés clairement, que les choses sont institutionnalisées, formalisées et définies précisément. Dans notre cas, il y a un amateurisme dans la gestion des salariés. La direction n'est pas formée. Il faudrait sans doute aussi garantir une meilleure transparence aux salariés.

Pour autant, assumer la réalité de la relation salariale dans le discours de la structure, lever le tabou, ne signifie pas donner carte blanche au vocabulaire managérial commun. Je vois aussi poindre le risque de centrer toute la réflexion et la lutte sur l'attitude de l'employeur. J'en parle avec Xavier, qui me répond :

– Ce qui est sûr, c'est qu'on ne peut pas se limiter à regarder ce que fait le patron. Au-dessus de lui, c'est l'État qui délègue aux associations[20], ça devrait être à lui de former les patrons. Il y a des associations qui vivent de fonds publics et où l'État ne fait rien. C'est aussi l'externalisation qui fait qu'en avançant dans la chaîne, la responsabilité se délite. Quand on regarde les collectivités locales, les subventions sont attribuées sur différents critères, mais ces critères ne concernent jamais les salariés et leurs conditions de travail. Pire, les subventionneurs refusent parfois de payer les coûts salariaux, comme

20 À partir des années 1980, l'État français a massivement recouru au secteur associatif pour remplir des missions de service public avec des financements directs, puis des subventions. Cette évolution est décrite dans l'ouvrage de Stella Fihn et Lily Zalzett, *Te plains pas, c'est pas l'usine. L'exploitation en milieu associatif*, Niet, 2020.

> si les salariés associatifs n'existaient pas. Au mieux, les pouvoirs publics refusent d'intervenir dans la gestion des salariés, au pire, ils encouragent l'aveuglement sur la question du salariat associatif. Mais à un moment, on ne peut pas compter sur notre direction pour défendre nos intérêts et nos conditions de travail. Encore moins sur l'État. Ils ne le font pas, il faut qu'on le fasse nous-même. Dans mon association, on voudrait une vraie représentation du personnel, avec une rencontre mensuelle, un espace où les collègues puissent poser leurs questions.

Xavier montre que ce refus n'est pas une fatalité et ne dépend pas uniquement du bon vouloir de l'employeur : c'est un refus commun à d'autres structures, répandu dans le milieu associatif, notamment pour des raisons légales et politiques. Mais il montre surtout que ce refus peut être combattu à travers une lutte collective. Face au silence de l'employeur, le collectif de travail peut imposer une prise en compte de la réalité de la relation de travail.

§2 - PENSER LE MANAGEMENT, C'EST POUR LES PATRONS

Comme l'a dit Xavier, le second volet du malaise patronal semble lié à la question de la formation. On ne se forme pas à être patron donc on ne se considère pas comme patron ; on ne se considère pas comme patron donc on ne s'y forme pas. Le refus de se former s'ajoute au refus de s'assumer dans une spirale du refoulement de la fonction employeur. Nicolas, ancien salarié d'une association de quartier, dit à propos de son supérieur hiérarchique de l'époque : « Nestor était manager, mais n'avait aucune expérience… comme nous tous, on s'est formés sur le tas mais lui, c'était la catastrophe. Il n'y avait aucun dialogue, on recevait des mails d'insultes. Lorsqu'il y avait des crises de management, personne ne se parlait et Nestor se cachait, il ne voulait plus nous voir. »

L'inexpérience revient dans de nombreux témoignages. L'employeur arrive à son poste sans expérience préalable dans la gestion de personnel et, surtout, sans penser le projet collectif comme un enjeu de gestion dudit personnel, au-delà de son objectif politique. C'est par exemple le cas d'élus (politiques, syndicaux) récemment arrivés, d'associations ou de médias qui viennent de se créer : le projet est pensé comme un projet politique avant tout. Quant à la question salariale, elle est vue comme une nécessité légale et fonctionnelle, mais pas comme un paramètre à prendre en compte dans la conception du projet. Quel modèle de salariat mettre en place ? Comment la gestion des salarié·es interagit avec le projet général ? Ces questions ne se posent pas réellement, et la fonction d'employeur arrive comme par accident.

Non formé, celui qui l'occupe n'estime généralement pas nécessaire de se mettre à niveau, estimant qu'une formation serait inutile ou invoquant un manque de temps et de moyens financiers, ce qui pose la question des priorités de l'organisation. Mais tout cela révèle surtout un impensé et renvoie au refus d'assumer la relation salariale et de s'assumer comme employeur. Derrière la question de la formation se cache un refus de penser l'enjeu managérial, de le prendre au sérieux.

À l'inverse, une solution pourrait être de prendre à bras-le-corps la question d'une formation pour apprendre à assumer la fonction employeur. De même, certains employeurs ont déjà une expérience dans leur poste ou un poste équivalent : il s'agirait alors d'assumer cette expérience, de la penser, d'en faire des bilans fréquents, d'avoir une posture critique vis-à-vis d'elle. Cette expérience pourrait se partager avec d'autres employeurs, dans une perspective elle aussi critique. « Il faudrait que les managers s'intéressent au fait de manager, qu'ils soient formés et conscients des tâches qu'ils doivent remplir. Gérer les gens et leurs problèmes. Il faut qu'ils aient envie… et pas qu'ils fassent tout au feeling, qu'ils fassent n'importe quoi », affirme Anaïs, journaliste dans un média engagé. On voit ici les limites du fait de se contenter d'attendre que l'employeur se forme : cela revient à s'en remettre à son bon vouloir, à ses intérêts et à son seul pouvoir.

Le risque est grand de se perdre dans des vœux pieux. Pire, en l'absence de perspective critique, la formation peut donner à l'employeur des outils de management moderne pour maltraiter ses salarié·es et créer des complicités avec d'autres employeurs pour qu'ils s'entraident dans leurs modes de gestion ou licencient des salarié·es. De ce point de vue, le refus de la formation aide à dresser le portrait de ce que peut être un patron de gauche et à déceler ses logiques.

§3 - FLOU AUTOUR DU STATUT ET MAUVAISE FOI PATRONALE

À côté du refus de s'assumer comme employeur et de s'y former, on trouve le refus d'assumer la réalité de la subordination des travailleur·euses. S'il n'y a pas de patrons, il n'y a pas de salarié·es, et inversement – et pas d'entreprise non plus, simplement un « projet politique » qui porterait tout le monde dans le même bateau. Le refoulement patronal signifie alors une négation de leur position pour les travailleur·euses. C'est d'ailleurs ce que pointe Xavier dans son témoignage lorsqu'il parle de créer une section syndicale et qu'on lui rétorque qu'« on n'est pas dans une relation salariale classique ».

Pour Xavier, cela conduit à fragmenter et à fragiliser les salarié·es. L'envers de cette négation ou minimisation est de remplacer la réalité salariale par d'autres modes de relation, comme la camaraderie, l'affect, le partage de valeurs – un « je-ne-sais-quoi » moins formel et finalement moins contraignant pour l'employeur. On y reviendra au chapitre 2.

Dans le cas de Xavier, l'existence du lien de subordination salariale est pourtant claire : un contrat de travail le relie à son employeur. Qu'en est-il lorsqu'il n'existe pas de contrat salarial ou que la relation a une autre qualification juridique ? Ce point renvoie à l'enjeu plus large de la définition de la subordination salariale et, plus précisément, de la porosité du statut de salarié avec d'autres formes de relation de travail, comme le bénévolat ou le militantisme. L'exemple de Xavier illustre ces tensions : salarié d'une association, il était avant tout militant et a été embauché après un volontariat. Dans cette structure se côtoient des salarié·es et des bénévoles, dont certains ont un rôle d'employeur (dans le conseil d'administration) tandis que des salarié·es effectuent des heures supplémentaires bénévoles et que le tout s'organise avec une forte rotation en fonction des postes, des statuts et des personnes.

De même, la forme de la structure (entreprise, association, coopérative, etc.), le type de travail réalisé, son statut ainsi que la façon dont ces éléments évoluent participent à complexifier la définition du statut de la relation de travail. Quant à l'évitement du CDI classique pour contourner les droits qui y sont attachés, il s'agit de mauvaise foi patronale, un classique dans le monde de l'entreprise que l'on retrouve aussi dans la gauche.

LE SALARIAT EST UN LIEN DE SUBORDINATION JURIDIQUE

Sur le plan du droit, le salariat se définit à partir du contrat de travail prévu dans le Code du travail (art. L.1221-1 et suivants). Mais c'est surtout la jurisprudence, soit les décisions des juges, qui précise les éléments permettant de qualifier une relation comme relevant du salariat.

Ainsi, le salariat se définit à partir de trois critères cumulatifs :

★ l'existence d'une prestation de travail ou de service

★ l'existence d'un salaire ou d'une rémunération

★ l'existence d'un lien de subordination juridique entre le prestataire de travail et celui qui le rémunère

Ce troisième critère est celui qui nous intéresse le plus. Un arrêt de la Cour de cassation du 13 novembre 1996[1], dit « Société générale », offre une définition unique du lien de subordination salariale à travers trois éléments. La subordination se caractérise alors par l'exécution d'un travail sous l'autorité d'un employeur, définie comme le pouvoir de :

★ donner des ordres et directives (pouvoir de direction)

★ d'en contrôler l'exécution (pouvoir de contrôle)

★ de sanctionner les manquements éventuels (pouvoir de sanction)

Ainsi, la subordination juridique existe dès lors qu'un·e travailleur·se est soumis·e au pouvoir de direction, de contrôle et de sanction d'une autre personne, qualifiée dans ce cas d'employeur. Un autre arrêt précise en outre que la qualification de la subordination réalisée par le juge se fait par « faisceau d'indices », recherchés dans les « conditions de fait dans lesquelles est exercée l'activité des travailleurs »[2].

C'est cette définition qui explique que des relations de travail sans contrat ou sous un contrat autre qu'un contrat de travail puissent être requalifiées par le juge

1 Cass. soc., 13 novembre 1996, n° 94-13.187, Bull. civ. V, n° 386.

2 Cass. soc., 19 décembre 2000, n° 98-40.572 ; Bull. civ. V, n° 437 ; Cass. 2e civ., 20 mars 2008, n° 06-20.533.

comme des relations salariales. C'est le cas de l'arrêt Take Eat Easy du 28 novembre 2018, où la Cour de cassation a requalifié la relation commerciale liant un livreur à l'entreprise en contrat de travail, notamment du fait de l'existence d'éléments de contrôle (géolocalisation) et de sanction (système de bonus-malus).

Allons même plus loin : si notre réflexion porte ici essentiellement sur les relations salariales de travail, elle peut contribuer à penser d'autres formes non officiellement salariales, qu'elles soient contractuelles – prestation de service, travailleur·se indépendant·e, stage – ou non – bénévolat, militantisme. Dans ces différentes situations, on peut commencer par se demander si les conditions du salariat sont réunies, auquel cas une requalification auprès du juge est envisageable. Dans le cas contraire, l'existence d'un pouvoir hiérarchique dans la relation de travail invite, comme pour le salariat, à réfléchir à la façon dont ce pouvoir est envisagé.

§4 - LE MANAGEMENT PAR L'ÉVITEMENT

Le « je-m'en-foutisme » du patron

Xavier et Anaïs l'ont expliqué : le patron de gauche est cet employeur qui ne s'assume pas, qui ne se forme pas, qui profite de flous entourant les statuts de la relation de travail. C'est cet employeur qui s'intéresse à la notion de travail dans la société, mais évite la question au sein de sa propre organisation et dans ses pratiques.

Le patron de gauche est de gauche dans le discours, mais patron dans la pratique.

Difficile de penser que cela n'a pas d'effet sur les salarié·es. C'est le deuxième fil exposé au début de cette enquête : loin d'être anodin, le déguisement patronal a un impact sur la gestion des salarié·es.

Pour mieux le comprendre, je rencontre Nathan, qui a travaillé dans deux associations écologistes où il a vécu de la souffrance au travail. Dans sa première expérience, l'absence d'accompagnement et de considération de son employeuse l'a conduit à un burn out. Il parle d'un « vide en matière de gestion » et rapporte que son activité n'était définie ni par une fiche de poste, ni par des directives pour les tâches du quotidien.

> Au début, c'était génial, j'apprenais plein de choses, de l'économie, de la politique, de la sociologie... C'était mon premier job. Mais je ne savais pas comment fonctionnaient les associations. J'ai vite découvert que le bureau était fantoche et que mon employeuse ne mettait en place aucune règle. Quand je suis arrivé, on ne m'a rien expliqué ni sur la structure, ni sur mon poste. J'ai mis six mois à comprendre que mon boulot était un poste de chargé de campagne.

Cette nécessité de comprendre par lui-même le sens de son poste l'a conduit à effectuer de nombreuses heures supplémentaires non rémunérées et a généré chez lui beaucoup de stress.

Il souligne également l'absence de contrôle par l'employeuse sur les heures réalisées par les salarié·es et des heures supplémentaires « obligatoires ». Nathan s'est retrouvé à faire des journées de 9 à 21 heures, y compris le week-end, sans les limitations et compensations pourtant imposées par la loi. « Toutes ces choses mises bout à bout me font penser qu'il y avait une espèce de je-m'en-foutisme. On avait atteint le paroxysme en matière de laisser-aller. L'employeuse ne mettait aucune forme, aucun garde-fou dans les horaires de ses salariés. » Dans cette situation, l'employé·e a tendance à se considérer comme responsable de ses heures supplémentaires.

Enfin, Nathan insiste sur la quasi-absence de retours de son employeuse sur son travail, qui se limitaient à quelques phrases soit imprécises – « c'est bien » – soit franchement insultantes – « c'est de la merde, ça ne va pas ». « Elle était dans une ligne de management aux antipodes de ce qu'on promeut dans notre plaidoyer. Il n'y avait aucune considération pour le travail, aucun retour dessus. »

Le travail est considéré ici en tant qu'activité productive, c'est-à-dire dans l'ensemble des tâches effectuées, dans ses conditions concrètes et quotidiennes. L'absence de directive pour orienter le travail, l'absence de contrôle du respect du droit du travail en matière d'horaires et l'absence de retour ou d'évaluation révèlent que les trois éléments de la fonction employeur – direction, contrôle, évaluation – sont désertés par cette employeuse. Les conséquences pour Nathan ont été claires : « À un moment, ton corps s'arrête, avec des crises de fièvre la nuit. Tu comprends que c'est un burn out.»

Le flou hiérarchique

Nous l'avons vu en introduction, le travail peut s'entendre comme activité productive, mais aussi comme organisation sociale. Au sein d'une structure, au-delà de l'activité productive du·de la travailleur·se, le travail suppose un collectif avec des collaborations et des rapports hiérarchiques. Dans sa seconde expérience, Nathan a connu de meilleures conditions, tant sur le respect des horaires que sur la définition de ses tâches. Pourtant, il a noté un cadre insuffisamment défini quant à l'organisation du travail et aux rapports interpersonnels dans le collectif. «Il y avait une absence de hiérarchie et de pilotage du travail. J'ai vu plusieurs burn out, des dépressions hardcores. À chaque fois, il y avait le même modèle, des structures qui se disaient horizontales où il n'y avait pas d'employeur clairement défini.» Le refus par l'employeur d'assumer sa fonction agit également sur le travail comme organisation sociale.

C'est également ce que note Aliya, salariée d'une organisation politique, lorsqu'elle témoigne:

> Dans mes anciens boulots, chaque poste était clair et défini. Les rapports étaient plus francs et apaisés. On avait des entretiens annuels avec des évaluations selon des critères précis. S'il y avait un problème, on te le disait clairement, tu pouvais contester car tu connaissais les règles. Dans mon boulot actuel, on est sur de l'interpersonnel.

> Quand le cadre professionnel n'est pas clair, le personnel prend la place et si tu ne t'entends pas avec quelqu'un, ça te gêne dans ton travail.
> Ce qui m'a le plus étonnée, c'est la désorganisation interne, le fait de ne pas vouloir assumer les rapports hiérarchiques. Il n'y a pas d'organigramme clair et tes supérieurs de fait sont présentés comme tes collègues. Ça brouille le rapport d'autorité et ça crée de la confusion, une fausse relation de confiance et surtout, ça laisse libre cours à tous les abus.

Aliya note que ce manque de définition claire de la hiérarchisation des travailleur·ses dans le collectif de travail conduit directement à des abus, notamment classistes, racistes, sexistes ou homophobes. En effet, en l'absence de modèle d'organisation clairement défini, qu'il soit hiérarchique ou horizontal, ce sont les modes de relation de pouvoir dominants qui prennent le dessus.

Dans le cas de Mathieu, salarié d'une coopérative dans la distribution, l'absence d'organisation claire dans le collectif de travail a conduit à une hiérarchisation informelle fondée sur l'ancienneté des salarié·es et la proximité avec l'employeuse. « De fait, dans les prises de responsabilité, il y a une hiérarchie. Les personnes ayant plus d'ancienneté et donc une plus grande proximité avec l'employeuse peuvent s'imposer et faire valoir leur lien avec elle », explique-t-il. De fait, l'absence de cadre formel d'organisation du collectif de travail ne permet pas d'éliminer toute relation de pouvoir ni d'instaurer par magie un modèle autogestionnaire.

La différence est de taille : une organisation du travail informelle est plus difficile à saisir, à comprendre, à analyser. Il devient plus compliqué pour les salarié·es de l'identifier, de la nommer donc d'y réagir. Chercher à édulcorer le rapport de subordination n'est pas une spécificité du patron de gauche, le management moderne vise à présenter les entreprises comme des « projets » partagés par l'ensemble des « collaborateur·ices » salarié·es. Mais ce problème est amplifié lorsqu'il est masqué par un vernis d'« autogestion ».

Dé-responsabilisation du patron, sur-responsabilisation des salarié·es

Dans l'activité des salarié·es aussi bien que dans l'organisation du collectif de travail, le refus de l'employeur d'assumer sa fonction de direction, de contrôle et d'évaluation n'a rien de neutre. Nathan précise que les refus de son employeuse l'ont conduit à jouer lui-même le rôle d'employeur, à « devenir [son] propre patron ». Ce que l'employeur n'assume pas se convertit ainsi en responsabilité supplémentaire pour les salarié·es. Nathan parle d'auto-responsabilisation : « sans patron, les responsabilités étaient individualisées. On entre alors dans de l'auto-exploitation, on se dit que ce n'est pas grave si on travaille trop. » En effet, les salarié·es culpabilisent lorsqu'ielles ne tiennent pas les délais impartis et réalisent des heures supplémentaires en pensant que c'est leur faute.

Son témoignage montre que la sur-responsabilisation se traduit par deux états : d'abord, la culpabilisation puisque le·la salarié·e se dit « je devrais être capable de réaliser mes tâches, on me laisse gérer, en cas de problème je suis responsable ». Culpabilité renforcée dans un contexte d'engagement militant : « si j'échoue, je suis un mauvais militant, incapable d'autogestion ». L'auto-exploitation, ensuite. Le·la salarié·e se sent obligé·e de travailler bien plus que ce qu'exige son contrat de travail, sans le dire et sans exiger de contrepartie. Là encore, le contexte d'engagement militant accentue ce sentiment : « Je travaille pour la cause, je ne vais pas compter mes heures. »

Pourtant, tout en assumant le rôle d'employeur, le salarié ne bénéficie pas des pouvoirs de ce dernier et n'a pas en main la gestion de l'entreprise ou de l'association. Ainsi, cette sur-responsabilité ne peut conduire à une plus grande autonomie et entraîne un risque d'illusion sur l'autogestion au travail. Les salarié·es doivent réaliser de nouvelles tâches sans en avoir les moyens : cet écart entre la demande de l'employeur et les moyens mis à disposition est un des éléments constitutifs du burn out, on parle d'« exigence de résultats inatteignables[21] ».

Dé-responsabilisation du patron = sur-responsabilisation du salarié sans moyens réels = souffrance au travail. La clé de ce phénomène réside dans l'écart entre les moyens donnés aux salarié·es et la demande qui leur est faite d'un plus grand engagement. Cet écart n'est pas une spécificité du patron de gauche, elle caractérise en grande partie

21 Rapport n°580 – sur le burn out visant à faire reconnaître comme maladies professionnelles les pathologies psychiques résultant de l'épuisement professionnel, par M. François Ruffin, 24 janvier 2018, Assemblée nationale.

le management moderne (voir les travaux de Thibault Le Texier). La spécificité se situe ici dans le fait que le désengagement du patron est fréquent à gauche du fait du malaise qui règne autour de la position de patron et que ce désengagement est parfois vendu comme un outil d'émancipation, une invitation à l'autogestion.

Le mensonge de l'autogestion

Mathieu, salarié dans la distribution, a intégré une structure aux valeurs coopératives promettant un environnement horizontal où l'autogestion prime. Son activité s'est avérée plus complexe :

> Je suis sur un poste polyvalent, comme tous les salariés. Il n'y a pas de responsabilité attribuée, on doit être expert en tout. Quand l'employeuse m'a engagé, elle a dit qu'elle voulait des gens qui prennent des responsabilités pour tendre vers une coopérative. En entendant ça, j'étais super content, mais en réalité, ce n'est pas possible, on n'a pas les moyens pour s'autogérer. On a une très forte charge de travail qui génère parfois une animosité entre collègues. Dans ces cas-là, il nous faudrait un arbitre, donc des statuts clairs. En cas de conflit, les collègues disent : « Tu es qui pour me parler comme ça ? » On est dans l'impasse, alors on va voir la patronne pour qu'elle intervienne, mais elle botte en touche : « Ce n'est pas à moi de désigner les postes mais à vous. C'est à vous d'accepter les consignes de certains que vous valorisez. » Elle dit que le magasin doit être horizontal, sans hiérarchie,

dans l'autogestion. En réalité, il n'y a pas d'instance ni d'outils pour décider collectivement de protocoles ou répartir des responsabilités.

Dans ce cas, l'autogestion défendue par l'employeuse se traduit par une accumulation de frustrations et de conflits d'une part, et d'autre part par une culpabilisation des salarié·es à qui on reproche leur manque de principes autogestionnaires. Enfin, Mathieu note que cette revendication d'horizontalité sert également de politique salariale : « J'ai aussi compris qu'elle prend ce discours pour aplatir tous les salaires. Si tout le monde est également responsable dans la répartition du travail, tout le monde est payé pareil. » On atteint ici le comble du patron de gauche : non seulement l'employeur fuit ses responsabilités, mais il revendique cette fuite comme une valeur militante, un exemple d'autogestion.

Si tous les patrons des organisations de gauche ne se disent pas autogestionnaires ou favorables à une organisation horizontale, on touche ici un trait caractéristique du patron de gauche : utiliser un idéal commun à la gauche – l'horizontalité, la démocratie participative ou l'autogestion – pour assurer la subordination des salarié·es. Consciemment ou non, le patron de gauche utilise des éléments de « gauche » pour assurer sa position de patron (voir chapitre 2).

Régner par le désordre, le dysfonctionnement comme mode de management

Salariée d'une association d'éducation populaire, Nathalie témoigne d'une situation où les salarié·es sont livré·es à elleux-mêmes :

> J'ai constaté une chose : la maltraitance globale des salariés dans l'association. Elle passe par un abandon. On nous lâche, on nous demande énormément... c'est un travail exigeant en termes qualitatifs et quantitatifs. L'association recrute essentiellement des jeunes salariés, donc nouveaux dans le monde du travail, et pourtant il n'y a aucun accompagnement, ni sur le travail, ni sur l'organisation de la charge de travail. Et si tu dis que tu as du mal, on te fait culpabiliser. On ne te demande jamais pourquoi tu fais trop d'heures, on te dit « tu fais trop d'heures ».

Nathalie note que ce fonctionnement ne peut être considéré comme une simple erreur :

> Quand tu prends ton poste, tu te dis que c'est normal au début, qu'il faut s'investir pour prendre le poste, mais ça ne se calme jamais. Là, c'était de pire en pire, il y avait une équipe très sympa mais qui mettait une pression de dingue en me disant « Nathalie, t'es une machine de guerre, sans toi on ne tiendrait pas ». C'était devenu une prison, je ne m'en sortais pas et eux-mêmes n'étaient pas bien. Et en fait, je me suis rendu compte que c'est comme ça que l'association tient. Avec des directeurs au bord du gouffre qui laissent leurs équipes livrées à elles-mêmes. Ils travaillent en dysfonctionnement, ils sont assez organisés dans leur désorganisation.

Voici un point important de la réflexion sur le management déguisé : il ne s'agit pas de chercher à savoir si l'employeur agit consciemment ou non, intentionnellement ou non. Loin d'une anomalie, une organisation floue, masquée ou non assumée du travail ou du collectif de travail peut constituer en soi un mode de gestion des travailleur·ses, le fonctionnement « normal » de la structure, voire un atout du point de vue de l'employeur. Le management déguisé permet en effet à celui-ci de se dégager de ses responsabilités et de laisser ses salarié·es en subir les conséquences : sur-responsabilisation, culpabilisation, auto-exploitation.

CHAPITRE 2

LE MANAGEMENT DE L'ENGAGEMENT

§5- LE MANAGEMENT N'AIME PAS LE VIDE

L'analyse du comportement de patron de gauche à partir de l'idée d'un management par le vide, d'un management par l'évitement (§4), ne me semble pas suffisante. En particulier, cela ne permet pas de comprendre ce qui pousse les salarié·es à exécuter leur travail et à maintenir leurs engagements envers leur employeur. En effet, si la fuite de l'employeur implique une sur-responsabilisation des salarié·es, pourquoi ces dernier·es n'en profitent-ielles pas pour instaurer un modèle de travail moins contraignant ? Pourquoi se sentent-ielles obligé·es de réaliser leurs tâches, de travailler plus que ce qu'exige leur contrat de travail, de s'exposer au stress et à la souffrance au travail ?

La réponse réside selon moi dans le fait que l'employeur ne disparaît pas complètement. Il ne suffit pas de nier le management ou de l'éviter pour qu'il disparaisse : le management camouflé est un mode de management en soi. L'employeur est toujours là, à travers une présence physique, au bureau aux côtés des salarié·es, mais aussi une présence morale, grâce à laquelle il s'assure que les travailleur·euses travaillent comme il le souhaite. Mon hypothèse est que le management n'aime pas le vide et que les stratégies d'évitement du patron sont comblées, dans les organisations de gauche, par un modèle typique de la gauche : l'engagement. À mon sens, ces deux comportements vont de pair. C'est bien parce qu'il utilise un référentiel différent du salariat, l'engagement, que le patron de gauche peut éviter ou nier être un patron. Dans ces organisations, la contrainte au travail n'est pas uniquement fondée sur l'existence d'un contrat de travail. Le patron de gauche a recours aux valeurs, à l'idéologie, à la politique, mais aussi aux affects pour s'assurer la subordination de ses salarié·es. Nul besoin pour lui d'aller chercher bien loin des modèles : le contexte d'un engagement à gauche offre des modes de relation et de travail permettant de susciter l'engagement des membres.

Une nuance est toutefois nécessaire ici. Encore une fois, le recours à des modes de relation dans l'entreprise autres que salariaux n'est ni une nouveauté, ni une spécificité du comportement du patron de gauche. Le management moderne y recourt ainsi pour s'assurer d'un engagement plus pérenne et plus important de la part des salarié·es. Il suffit de voir le cas de grandes entreprises spécialisées dans la réparation de vitres ou dans la distribution qui se considèrent, plutôt que comme une entreprise, comme une « famille », un projet commun que le·la salarié·e devrait s'approprier, faire sien et vouloir faire avancer. « J'aime ma boîte !

Moi, je l'assume. Moi, je la vis, et c'est ma vie ! » chante-t-on dans les séminaires d'entreprise chez Gifi[22]. Pourtant, une des spécificités du patron de gauche consiste bien à piocher dans les valeurs de gauche, mais aussi dans la revendication d'un modèle différent du reste du monde du travail. C'est précisément dans ce recours à différentes valeurs et pratiques que se définit un management spécifique, un management de l'engagement. Selon Thibault Le Texier, le management est un mode d'exercice du pouvoir parmi d'autres, comme le mode de pouvoir marchand, instrumental, militaire ou patriarcal. Appliquée aux organisations engagées, cette réflexion permet de voir que le management de gauche est avant tout un management de l'engagement. C'est cette rationalité-là, au sens de l'ensemble des pratiques et discours du management, que nous cherchons à saisir.

Comme je l'ai précisé plus haut, je reprends les travaux de Diane Rodet sur la « production engagée »[23] au sens d'une « activité de production exprimant explicitement des positions militantes ». L'engagement est un élément caractéristique de ces organisations, qu'elles utilisent comme un outil de gestion du travail, salarié ou non. Tout l'enjeu est alors de voir comment il est utilisé dans la gestion du travail salarié, qui repose sur l'existence d'un contrat de travail définissant une obligation de réaliser une activité rémunérée. Comment

22 Philippe Baqué, « Gifi ou le triomphe de la pacotille », *Le Monde diplomatique*, juin 2021.

23 Diane Rodet, « Jeunes travailleuses et travailleurs… », *op. cit.*

penser l'engagement dès lors qu'il est prévu et encadré par un contrat de travail ? Et, à l'inverse, comment penser le travail salarié lorsqu'il est pensé sur le modèle de l'engagement ?

Une solution apparemment simple consisterait à écarter le modèle de l'engagement pour se centrer exclusivement sur la relation salariale. Pourtant, bien souvent, le parcours des salarié·es implique des moments de militantisme ou de bénévolat avant et pendant l'exécution du contrat de travail : ielles sont souvent aussi des militant·es. De même, nombre d'organisations de gauche cumulent différents modes de travail et les salarié·es y côtoient des militant·es ou bénévoles travaillant sans contrat de travail, avec une relation et une rétribution différentes. Comment distinguer le salariat de l'engagement dans ce contexte ?

On touche ici un point important de ce chapitre : pour interroger le management dans les organisations engagées, il nous faut analyser l'impact que l'engagement a sur le mode de gestion du travail salarié, mais aussi la relation inverse. Le management de l'engagement est alors à entendre à deux niveaux : le management salarial par l'engagement et le management de l'ensemble des activités engagées dans une même organisation.

§6 - CARRIÈRE, SOCIABILITÉ ET IDÉOLOGIE : L'ENGAGEMENT COMME MODE DE RÉTRIBUTION DU TRAVAIL

Un choix de méthode : étudier la rétribution du militantisme pour comprendre le management de l'engagement

Pour étudier le rapport entre engagement et salariat, je choisis de passer par une forme d'engagement : le militantisme. Je considère ici le militantisme dans son sens large, celui d'un engagement collectif pour une cause, souvent sous la forme d'une contestation. Ces trois notions (engagement collectif, cause, contestation) sont revenues à plusieurs reprises dans les entretiens, souvent accompagnées de l'expression « fibre militante ». Si le militantisme est bel et bien une forme spécifique d'engagement, il n'en reste pas moins un engagement caractéristique des organisations de la production engagée[24].

Ensuite, pour entrer dans le vif du sujet du rapport entre engagement et salariat, il me semble important de questionner la notion de rétribution. La rétribution renvoie aux modes de rémunération d'un service ou d'un travail ainsi qu'aux modes de récompense pour des actions réalisées. L'avantage de ce terme est qu'il permet de regrouper aussi bien les modes de rémunération du travail salarié, principalement le salaire, et d'autres modes de rétribution qui peuvent être matériels ou non, relatifs à une activité salariée ou non. Parler de rétribution permet de se poser la question des modes de

24 Diane Rodet, « Jeunes travailleuses et travailleurs... », *op. cit.*

récompense de l'activité des membres d'une organisation engagée.

Pour mener cette analyse, je m'appuie sur les travaux du sociologue Daniel Gaxie et principalement sur son article « Économie des partis et rétributions du militantisme[25] ». Son analyse a le mérite de poser la question de la rétribution du militantisme dans les partis en envisageant aussi bien les rétributions économiques et matérielles que d'autres modes de rétributions, symbolique ou idéologique. Je m'appuie sur sa perspective pour comprendre les modes de rétribution des activités des membres des organisations de la production engagée, c'est-à-dire des militant·es, salarié·es et non salarié·es, des organisations de gauche. Ce lien entre l'étude de Daniel Gaxie et cette enquête est possible précisément parce que les acteur·ices eux-mêmes le font. La façon de parler du travail dans les organisations engagées, aussi bien du côté employeur que du côté salarié, évoque très souvent l'engagement militant. Si le militantisme de parti ne couvre pas toute la réalité du travail dans une organisation engagée, il apporte pourtant certaines clés d'analyse non négligeables.

La carrière politique ou l'appât de l'avancée professionnelle

Au premier plan des rétributions du militantisme, Daniel Gaxie[26] parle de la « conquête des postes et

25 Daniel Gaxie, « Économie des partis et rétributions du militantisme », *Revue française de science politique*, 27e année, n°1, 1977, p. 123-154.

26 Daniel Gaxie, *ibid.*

créations d'emplois». Selon son étude, l'accès à un emploi ou à une carrière professionnelle peut représenter une rétribution du militantisme à deux niveaux: d'une part, à travers les postes électifs – l'activisme électoraliste donne accès à des postes dans les institutions locales, administratives, politiques ou nationales –; d'autre part, par le biais des emplois créés par les organisations politiques elles-mêmes, dans leurs organisations propres, annexes ou alliées – journaux, syndicats, maisons d'édition, etc.

Si un emploi peut représenter une rétribution du militantisme, qu'en est-il de la rétribution de l'emploi militant? Dans son témoignage, Pierre, salarié d'un élu, explique qu'au-delà de la promesse d'un emploi, une promesse d'avancée professionnelle représente aussi une rétribution du travail:

> Dans les organisations politiques, si tu montres ce que tu sais faire, tu peux monter rapidement. C'est l'enjeu de la rétribution du militantisme, dont la valorisation se fait par une rétribution du travail fourni. Et on le voit, l'essentiel des élus de gauche étaient avant des salariés d'élus et, encore avant, des militants. Quand tu commences à travailler pour un élu, on te le fait miroiter: travailler bien et beaucoup, c'est continuer ta carrière militante et ça peut t'amener loin.

Ainsi, l'évolution professionnelle sert de rémunération objective ou du moins de facteur de motivation pour les salarié·es de ces organisations[27]. Si la perspective d'évolution professionnelle est un outil classique de la gestion du personnel, la façon dont elle est pensée et son usage dans les organisations de gauche font directement référence à l'engagement. C'est à partir de l'engagement militant qu'est évaluée et estimée l'activité salariée. En prouvant son engagement, le salarié peut avancer professionnellement, et même aspirer à devenir employeur, c'est-à-dire, dans le cas d'une organisation politique, obtenir un poste d'élu.

Capital culturel et social : les rétributions symboliques du travail à gauche

Un second élément abordé par Daniel Gaxie est la rétribution symbolique de ce travail, qu'il s'agisse d'un apport en capital culturel ou en capital social. D'une part, l'action militante peut permettre d'accéder à un capital culturel par d'autres voies que la voie académique. Elle ouvre à des expériences, à des apprentissages et à l'acquisition de compétences. D'autre part, Gaxie explique que l'action militante est un facteur important de capital social[28]. Les organisations militantes « deviennent ainsi l'un des facteurs principaux de structuration de l'existence de leurs membres et

27 Selon Daniel Gaxie, l'occupation d'un poste de travail revêt « le caractère de rémunération objective de l'activité [militante] ». In Daniel Gaxie, *ibid.*

28 Selon lui, « pour la plupart des adhérents, les rétributions perçues proviennent en effet de la contribution que le militantisme est susceptible d'apporter à leur stratégie d'intégration ou d'ascension sociale ». In Daniel Gaxie, *ibid.*

remplissent une fonction d'intégration sociale d'autant plus importante que ces derniers sont plus militants ». Gaxie insiste sur le rôle des activités militantes : collages, porte-à-porte, discussions, organisation d'événements, élaboration collective de textes, sont autant d'éléments de sociabilité qui permettent une intégration sociale. Il ajoute que l'engagement militant est également moteur d'une ascension sociale : plus le militant est engagé, plus il est intégré et plus il monte dans la hiérarchie de l'organisation. Son étude apporte d'importants éléments de compréhension du militantisme : non seulement il rétribue les militants par du capital culturel et social, mais il est en plus moteur d'une ascension culturelle et sociale.

Là encore, que se passe-t-il pour le militantisme et ses rétributions dans des organisations qui ne sont pas des partis politiques, lorsque le militantisme est encadré par un contrat de travail ? Héloïse, salariée dans le spectacle vivant, témoigne :

> On est là en ayant conscience des conditions, du salaire, mais aussi parce qu'il y a quelques atouts dans ces postes. Déjà, c'est valorisant d'être dans le spectacle vivant, d'en défendre l'esprit. Ça nous valorise nous aussi et nous légitime. Et il y a aussi une idée d'ascension sociale, d'accéder à un autre statut que celui de tes parents. Même si tu es mal payé, tu es dans l'élite intellectuelle et sociale. Donc on ne va pas partir et risquer une rétrogradation. Ensuite, il y a aussi l'idée que ce qu'on fait est extraordinaire, hors du commun. C'est souvent la

> fête : à la fin d'un projet, on se déplace dans le pays, on rencontre des gens. C'est vanté par tout le monde, y compris l'État, et il y a l'idée qu'on ne se rend pas compte de la chance qu'on a, parce qu'on voit des spectacles, etc. Et puis déjà, on a un poste, donc on est mal placés pour se plaindre.

Comme dans le militantisme, la rétribution culturelle et sociale de l'engagement sont utilisés comme un mode de rétribution de l'activité, pourtant encadrée par un contrat de travail et supposant un salaire et des droits. Des problèmes apparaissent lorsque ces modes de rétribution affiliés au militantisme servent à compenser ou à remplacer la rétribution prévue dans le contrat de travail, voire à refuser une rétribution légale et salariale. Là encore, la tentative de maquiller la réalité du rapport salarial grâce au modèle militant s'avère être un danger pour le·la salarié·e : c'est la porte ouverte à la minorisation ou à la négation de ses droits. Un pas supplémentaire est franchi lorsque la référence au militantisme et à l'engagement sert de bâillon aux salarié·es qui revendiqueraient leurs droits légaux et salariaux (§22).

La rétribution idéologique du travail salarié à gauche

Déjà évoqué plus haut, le caractère de « gauche » de l'organisation est mis à profit par l'employeur pour s'assurer de la motivation et de l'engagement de ses salarié·es. Mais comment celui-ci actionne-t-il ce levier ?

La motivation au travail est un objet récurrent des études de management. Il s'agit de saisir comment déclencher certains comportements et passer de l'inactivité à l'activité; d'expliquer l'intensité ou la quantité d'énergie engagée dans cette activité et ce qui permettra la persistance ou persévérance d'un comportement ou, enfin, la direction ou l'orientation que prend l'activité du·de la salarié·es. Pour répondre à ces questions, le management a développé différentes théories qui s'attachent au contenu de la motivation. Il s'intéresse alors aux besoins du ou de la salarié·e conduisant à la réalisation d'une activité: satisfaire ces besoins assure et maintient sa motivation. De mon côté, avec l'appui des réflexions de Daniel Gaxie sur les modes de rétribution du militantisme, j'ai pu observer qu'au fil des entretiens, le caractère politique de l'organisation était mobilisé par les salarié·es et les employeurs pour expliquer la motivation au travail.

Dans son étude sur les partis politiques, Daniel Gaxie s'intéresse à ce qui permet à ces organisations de recruter et de maintenir l'activité de leurs membres et militant·es. Il considère la rémunération et la promesse d'un emploi comme deux motifs d'explication, mais il en mentionne un troisième: le mobile idéologique[29]. Le mécanisme est le suivant: l'idéologie politique offre de «puissants mobiles et stimulants symboliques» donnant «un sens à la vie et à l'activité de leurs membres». En somme, pour Gaxie, «l'attachement à la cause, la satisfaction de défendre ses idées, constituent ainsi des

29 Selon lui, l'idéologie politique est un «matériel symbolique rationnel et systématisé» qui favorise «le recrutement et l'activité des agents de certaines entreprises politiques».

mécanismes de rétribution de l'activité politique au même titre que la rémunération financière ou l'obtention d'un emploi». Ce point est important car il permet de voir qu'à côté de rétributions matérielles existent d'autres types de rétribution, symboliques – classiquement, les rétributions culturelles et sociales –, auxquelles s'ajoute une rétribution idéologique.

Ainsi, le travail à gauche apporterait un «plus» par rapport au reste du monde professionnel: en lui fournissant un mobile idéologique, il donnerait un sens à la vie du salarié et à son activité productive. C'est ce qu'illustre la définition que donne Édouard, salarié d'un média, de son entreprise: «C'est un journal qui se dit à la fois engagé et politiquement à gauche, avec une sensibilité sociale proche de l'altermondialisme, du mouvement anti-nucléaire, de l'anticapitalisme. J'y ai trouvé absolument toutes les cases de mon engagement personnel.» De fait, la référence au profil idéologique de l'organisation est très souvent présentée dans les entretiens comme un argument décisif. C'est aussi le cas de Marie, salariée d'une association d'éducation populaire: «C'est un travail qui me plaît, qui a du sens pour moi. Dans le privé, je pourrais toucher bien plus, avoir plus d'avantages, mais j'ai décidé de mettre mes compétences, mes années d'études et d'expérience au service d'un projet qui me parle.» Le mobile idéologique peut alors jouer un rôle central, bien plus que représenter un atout annexe à un poste de travail, puisqu'il peut justifier des conditions de travail moins intéressantes. Ce que l'organisation de gauche ne fournit pas sur les plans monétaire et matériel est compensé par son mobile idéologique. L'idéologie apparaît comme un mode de rétribution à part entière.

En outre, tout l'enjeu du mobile idéologique dans les organisations de gauche semble se situer dans sa survalorisation, dans la primauté qui lui est donnée par rapport à d'autres types de rétribution, voire dans la tendance à en faire le seul et unique mobile de l'engagement. L'autre volet de cette survalorisation est une minimisation ou une négation des enjeux de rétribution de l'activité militante. C'est le cas lorsqu'un militant devient permanent, c'est-à-dire lorsqu'il est détaché au travail de son organisation et bénéficie d'une rémunération. Or, bien souvent, ce passage au poste de permanent n'est pas présenté comme du salariat mais comme un dédommagement. Dans cette conception, la personne est avant tout militante, puis reçoit une somme afin de pouvoir étendre son activité. On pourrait considérer à l'inverse que cette personne devient un·e salarié·e dont l'activité revêt un caractère militant. La distinction parait fine, mais elle implique d'importantes différences : dans le premier cas, le salariat est minoré, voire nié. Cette première conception tend à faire du militantisme le cœur de l'activité et le référentiel en matière d'évaluation et de rétribution, ce qui comporte le double risque de nier la réalité salariale de l'activité et de nier ou de minorer l'obligation d'une rétribution ou d'une rémunération de cette activité. Enfin, cette minorisation de la réalité salariale conduit à des situations paradoxales. C'est le cas de Vincent, qui travaille dans une association d'aide à l'accès aux droits : « Le plus dur, c'est de me dire que je n'arrive pas à vivre de mon travail, je fais des horaires pas possibles mais j'ai encore besoin de l'aide de mes parents. J'ai parfois des usagers qui gagnent plus que moi et même s'ils ont droit à des aides et que c'est légitime, ça me saoule un peu. Souvent, je me dis que j'aimerais bien venir à ma permanence, même si en réalité je sais que je n'ai droit à aucune autre aide », explique-t-il. Son témoignage est un exemple extrême ce que peut générer le modèle d'un travail supposant un engagement fort sans rémunération suffisante : il n'arrive pas à vivre de son travail et, pire, sa situation est plus précaire que celle de certain·es bénéficiaires de sa permanence. La survalorisation du mobile idéologique conduit à effacer les réalités matérielles de l'engagement, la cause justifie la précarité du militant ou, comme le dit le proverbe, « la fin justifie les moyens ». L'autre conséquence de cette survalorisation du mobile idéologique conduit à ce qui ressemble en tout point à un chantage.

§7 - LE CHANTAGE AU MÉTIER-PASSION ET AU MÉTIER-ENGAGEMENT

Une stratégie consiste à présenter le travail à gauche comme une activité productive différente du reste du monde du travail. Cette singularité résulterait de la nature même de l'activité productive : elle relèverait d'une passion et/ou servirait un idéal politique plus qu'un objectif productif.

C'est un point partagé avec le secteur de la culture et notamment des théâtres, centres d'art contemporain et centres chorégraphiques : l'argument du métier-passion. Là encore, il s'agit de gérer le personnel sur la base d'un argument extérieur au contrat de travail : la valeur donnée par le salarié à l'activité. C'est ce que décrit Héloïse, salariée dans la culture, qui dénonce des horaires de travail illimités et sans compensations ainsi qu'une pression au rendement l'ayant menée à un burn out :

> On a du mal à quitter ce travail parce qu'on y construit pour le futur, c'est dur de laisser le bébé. On y met tellement de sens… J'adore mon métier alors je fais des concessions. Les employeurs savent qu'on ne peut pas quitter le navire, qu'on ne voudra pas le faire non plus. D'autant que si on est là, c'est parce qu'on a étudié, qu'on s'est spécialisés et qu'il y a peu d'emplois, pas bien payés. Une fois, on a même essayé de m'enlever un projet pour me sanctionner : « Si tu veux le garder, arrête de te plaindre. » J'étais dessus depuis plusieurs mois, il me restait deux semaines. J'ai accepté, je me suis tue.

Il est intéressant de voir que le patron de gauche recourt au même type de chantage en s'appuyant sur les valeurs partagées entre l'organisation et les salarié·es. Au-delà du métier-passion, ce qu'on pourrait appeler le « métier-engagement » se détache de l'activité productive concrète d'un travail pour se concentrer sur l'objet de l'activité ou son but, social ou politique. « C'est plus qu'un travail ici, c'est un véritable projet politique, c'est pour ça qu'on est là », s'entend dire Sarah par son employeur, un élu de gauche. Mathieu, salarié dans la distribution alimentaire bio, raconte :

> Quand j'ai adhéré, j'étais à fond sur ces magasins de distribution alimentaire, leur charte éthique et sociale. Pendant l'entretien, le discours de la patronne était super, très enthousiasmant, j'avais hâte de commencer à travailler pour elle. C'était tout ce que je voulais et j'étais super reconnaissant qu'on me donne ma chance, à moi qui viens du milieu de la recherche et qui ai passé plusieurs années sans travail. En réalité, ça ne me passionne pas tant que ça, les pommes de terre et tout ça : mon intérêt est ailleurs. L'intéressant, c'est d'essayer de niquer la grande distribution. C'est un autre rapport à l'alimentation, donc avec les gens qui la produisent, la nature, et tout ce qui pousse vers ça, j'y adhère.

Pourtant très rapidement, il constate des pratiques contestables : surcharge de travail, rémunération faible, etc.

> En tant que patronne de gauche, elle a une vision de la société qu'elle essaie de reproduire dans son magasin, ça m'avait plu. Pourtant, quand un collègue atteint de cancer a demandé du temps pour un rendez-vous médical, elle s'est énervée : « Tout le monde a des problèmes, comment je vais faire pour faire tourner mon magasin ? » [...] Son ressort, ce sur quoi elle compte, c'est notre motivation politique. C'est peut-être ça la différence avec un

> patron de droite ou classique : lui, il sait que c'est l'argent qui compte, les bénéfices, etc., et il sait que pour le salarié, c'est pareil. Il y a une hypocrisie en moins. Pour le patron de gauche, tu ne travailles pas pour l'argent, mais pour des valeurs, pour des choix de société, et ça lui permet de te manipuler.

Héloïse comme Mathieu apprécient l'activité liée à leur emploi soit parce qu'elle relève d'une passion, soit parce qu'elle défend des valeurs. Alors que le management vise généralement à susciter la motivation du salarié pour obtenir de lui un certain comportement, le chantage au métier-passion ou métier-engagement consiste à utiliser la motivation déjà existante pour imposer un comportement. Dans les deux cas, le patron de gauche utilise des éléments extérieurs à la relation salariale ou pas directement liés au contrat de travail pour assurer sa subordination. Cette stratégie est pourtant risquée : en utilisant l'attachement du salarié pour imposer son autorité, le patron risque de transformer un métier-passion ou métier-engagement en espace de chantage et de pression, et le rêve peut vite se transformer en cauchemar.

Dans ce modèle, la revendication de rétributions matérielles et symboliques est considérée comme une remise en cause du mobile idéologique. Il ne s'agit pas uniquement d'une trahison comme on l'a vu plus haut, c'est aussi la marque d'un manque de conscience politique ou idéologique, un manque de compréhension de la situation. C'est là que commence le chantage idéologique : tout ce qui remettra en cause la primauté du mobile idéologique sera vu comme une remise en cause de l'organisation elle-même et de l'engagement militant. En plus de masquer les enjeux matériels et symboliques du militantisme, le mobile idéologique nourrit un chantage visant à exiger toujours plus d'engagement de la part des salarié·es.

§8 - LA CAMARADERIE COMME RELATION DE TRAVAIL

Une autre stratégie consiste à aborder le travail en tant que relation sociale. L'enjeu est de masquer la relation salariale (entre collègues, mais surtout entre salarié·es et employeur) par d'autres types de relations, qui peuvent être de l'ordre de l'amitié, de la parenté ou de liens militants de camaraderie. Loin de pacifier les relations, les liens d'amitié semblent brouiller les interactions. Pierre explique :

> Quand je suis arrivé à mon nouveau poste, mon élu n'a pas compris qu'il me surchargeait de travail. Ce n'était plus du militantisme comme avant, il y avait toutes les tâches de logistique, les réunions qui s'enchaînaient. Il me disait « je ne comprends pas ton taff, je pensais que tu étais compétent ». Et c'est revenu tous les trois mois ; puis, quand j'ai explosé, il m'a dit « je ne comprends pas que tu sois débordé ». Pour moi, ça vient d'un problème de communication, dans les deux sens. J'avais du mal à lui expliquer mes problèmes car il prenait tout personnellement. De son côté, il mettait beaucoup

> de temps pour me dire quelque chose sur mon travail parce qu'on était amis avant de travailler ensemble. Une fois, il m'a même dit « le problème avec toi, c'est que je peux pas t'engueuler ».

Pour Aïda, salariée d'un élu, construire des liens d'amitié avec son employeur est voué à l'échec : « Mon boss me demande de boire des verres avec lui et je paie mes verres. Lui dit que ça n'entre pas dans les frais. Mais je ne raconte pas ma vie. Je me protège, je ne lui présente pas mon copain. Lui, il veut faire le mec cool, comme un père qui veut faire le cool. »

Aïda décrit ici une relation déséquilibrée où l'employeur tente de créer des liens d'amitié, mais où la subordination n'en est en réalité que plus présente : les salarié·es doivent mimer une relation amicale, sans y croire, pour satisfaire leur employeur. Cette situation se répète avec les proches de l'employeur, lorsque celui-ci les invite et qu'ils échangent avec les salarié·es : « Mon chef fait participer sa copine et sa mère au travail. J'ai du mal à gérer ma relation avec les deux, je ne sais pas bien comment me positionner. Sa partenaire fait des blagues, je sais que je pourrais lui répondre et la bouffer rapidement mais c'est trop risqué. Elle ne le voit pas, mais ça me met mal à l'aise. Parfois, elle me demande de me raconter ou même de commenter le travail de mon boss, qu'est-ce que tu veux que je lui dise ? »

Ici encore, la stratégie du patron de gauche consiste à imposer un autre récit que le récit salarial pour décrire la relation au travail. Si le travail en lui-même n'est pas une activité salariale mais une passion ou un engagement personnel, les relations au travail ne sont pas non plus des relations salariales mais des relations amicales, de proximité, de camaraderie. La camaraderie comme relation de travail est le pendant du travail comme passion ou engagement : dans les deux cas, la réalité du rapport salarial se retrouve minorée, voire niée. Le récit est ainsi plus doux, moins conflictuel et moins inégal. Le problème n'est pas tant qu'il existe une passion, un engagement pour le travail et des relations amicales ou de camaraderie au travail, éléments qui peuvent être positifs, mais que ces éléments, loin d'être neutres, sont utilisés par l'employeur pour imposer son autorité tout en minimisant la réalité du rapport de subordination des salarié·es. Il s'agit là aussi d'un chantage, à travers l'affirmation d'un attachement et la menace d'une remise en cause de cet attachement.

§9 - LE PIÈGE DU SALARIÉ DÉVOUÉ

On l'a vu, la première conséquence de la reprise du modèle militant dans le management est une survalorisation du mobile idéologique, qui se traduit dans le cadre du salariat à gauche par la figure du salarié dévoué et désintéressé. Le militant devenu salarié est toujours considéré comme un militant. Le salariat est vu comme un geste de générosité où le militant est désormais dédommagé. Dans cette optique, l'entrée dans le salariat ne signifie pas une limitation de l'activité pour respecter le droit du travail, mais un maintien voire une augmentation des exigences : le militant est à présent payé, il peut et donc doit donner plus qu'avant. Cela a bien sûr des effets sur les droits des salarié·es, comme le montre le témoignage de Danièle, salariée d'un élu de gauche :

> Mon employeur considérait qu'il nous payait une fortune. Du coup, c'était à nous de payer le transport, le logement et la nourriture. Le transport bouffait certains salaires, on avait des déplacements toutes les semaines. Il nous interdisait d'aller à la cantine par peur qu'on échange avec des collègues. Il n'y avait pas de vraie pause repas, on était tout le temps avec lui. On mangeait au restaurant de son choix et c'était à nous de payer nos repas, tandis qu'il faisait passer les siens sur ses frais de mandats. Le pire, c'était le logement : chaque semaine, il nous proposait comme seule alternative de dormir dans le bureau et considérait qu'il nous faisait une fleur. Il le pensait vraiment : dans sa tête, on était des militants.

Dans ce cas précis, l'employeur exploite jusqu'au bout le concept de salarié militant qui doit faire progresser la cause et laisse les frais professionnels à la charge des salarié·es – alors même que nombre d'organisations dédommagent leurs militant·es. Conséquence : lesdit·es salarié·es se retrouvent à dormir sur la moquette du bureau de leur employeur. Pour Danièle, c'est précisément le fait de considérer un salarié avant tout comme un militant qui pose problème : « Dans son parcours de militant, quand il se déplaçait, il payait de sa poche le déplacement et le logement était à la bonne franquette… C'était ça, son modèle de référence.»

De son côté, Samuel, permanent syndical, parle de «martyrologie» avec l'idée que la survalorisation du motif idéologique conduit aussi bien le patron que les autres salarié·es et membres de l'organisation à valoriser la figure du militant dévoué et désintéressé:

> C'est le discours du «ni privilège, ni discrimination» qui pousse à refuser toute avancée ou amélioration des conditions de travail aux salariés. Mais c'est aussi et surtout le culte de la suractivité du militant, le fait de travailler tous les jours, le soir, le week-end, de ne pas compter. Et la distinction entre «ceux qui en croquent et ceux qui n'en croquent pas». J'ai déjà entendu dire «c'est bien d'avoir un grade de merde et d'en chier, comme ça les collègues ne te prennent pas pour un nanti, comme ça t'es un vrai, t'en croques pas». Finalement, avec ces discours, on se tire une balle dans le pied.

De mauvaises conditions de travail sont alors vues comme la preuve d'un engagement pur. Ne «pas en croquer», c'est ne pas revendiquer le respect de ses droits ni en demander davantage, c'est montrer au reste de la société que le lien salarié du militant est un élément accidentel, annexe, qu'il ne saurait être une fierté ni l'objet de revendications. Ce discours dépasse le patron de gauche: Samuel décrit un phénomène d'appropriation par les salarié·es ell·eux-mêmes d'un modèle d'engagement désintéressé du·de la salarié·e et le qualifie de

« martyrologie ». La conséquence de cette réappropriation conduit d'une part à une dynamique d'auto-exploitation – il faut travailler beaucoup, toujours plus et toujours mieux, pour répondre aux enjeux politiques de la cause – et favorise d'autre part une autocensure, le·la salarié·e ne revendiquant pas de droits salarié·es, ce qui reviendrait à « en croquer ».

§10 - ÉTHOS MILITANT AU TRAVAIL: DOUBLE CHARGE ET DISCRIMINATIONS

Des différents témoignages que j'ai obtenus est sorti un portrait-robot de ce que le·la salarié·e de gauche doit être : une personne avant tout militante, dévouée à la cause, avec pour principale rétribution la satisfaction de voir avancer ladite cause.

Lors d'un entretien, Yvan, stagiaire dans une association d'aide à l'accès aux droits, me parle d'un « éthos militant ». Ce terme peut correspondre à deux significations : soit un ensemble de pratiques et de manières d'être, soit une coutume ou une habitude. Dans cette deuxième acception, l'éthos intègre des pratiques habituelles mais suppose un autre élément : il devient un modèle, un attendu ou un critère de jugement du comportement de chaque salarié·e en fonction des comportements habituels des salarié·es de gauche. L'éthos militant devient alors l'ensemble des pratiques et comportements attendus du militant dans les organisations de gauche, tant par l'employeur que par certain·es salarié·es qui se le réapproprient.

Cette idée permet d'interroger les attendus non pas seulement en matière de pratiques et de comportements, mais aussi en posant la question de la perception ou de la valorisation par l'organisation de ses membres et de leur engagement – enjeu que Daniel Gaxie n'envisage pas dans son étude. Cette question de la perception renvoie aux stigmates – racial, d'identité de genre, classiste ou validiste – définis par la société et à leur impact à l'intérieur de l'organisation. En l'absence d'une remise en cause claire et concrète, l'organisation engagée laisse libre court à leur reproduction en son sein. Dès lors, le fait de faire partie d'une minorité sociale constitue un obstacle supplémentaire dans la réalisation du travail et dans l'appréciation qui en est faite par l'employeur et par les collègues. Si l'attendu du travail du·de la salarié·e, c'est-à-dire l'éthos, n'est pas déconstruit, il devient un facteur de discrimination.

C'est le cas par exemple en ce qui concerne la prise en compte de la parole de ces salarié·es. Les témoignages que j'ai recueillis mentionnent une moindre prise en compte de la parole de personnes racisées non blanches, de femmes ou de personnes LGBTQIA+. Julie, salariée d'un élu, parle de misogynoir[30] au travail: «Ma parole était souvent marginalisée. J'ai une expertise, des compétences attestées par des diplômes, en plus

30 Le concept de misogynoir est développé par la chercheuse et militante Moya Bailey pour décrire «la forme particulière de haine dirigée contre les femmes noires» («They aren't talking about me...», *The Crunk Feminist collective*, 14 mars 2010, traduction de l'auteur).

de ça j'ai réfléchi à plein de questions au fil de mes engagements militants. Mais ces connaissances ne sont pas reconnues. Mes interventions sont souvent disqualifiées comme relevant du sentimental, du témoignage personnel et non de l'analyse. Et c'est comme ça au quotidien pour les personnes qui me ressemblent. »

La parole de personnes minorisées ou n'entrant pas dans les critères de l'éthos militant est moins écoutée ou dévalorisée. Salariée d'une organisation politique, Léa analyse la place faite aux femmes au travail :

> Ça m'arrive surtout en réunion, je me fais souvent couper la parole par des hommes. Ils me coupent pour répéter ce que moi ou une autre femme a déjà dit et c'est là que l'idée est acceptée et validée. Une fois, j'ai dû intervenir parce que c'était une idée qui me tenait à cœur et je voulais pouvoir parler librement. J'ai dû lever la voix et demander à ce qu'on laisse finir. Ils ont trouvé ça trop violent, un collègue m'a même dit quelques semaines plus tard : « Putain, t'as vachement abusé. » On te met dans des situations où si tu veux parler, être écoutée, tu dois t'imposer mais sans entrer dans un rapport de force, sans froisser ces mêmes personnes qui t'empêchent de parler.

On voit qu'en tant qu'attendu ou modèle de référence, l'éthos militant prend la forme d'un jugement ou d'un critère de sélection. Il pose un autre enjeu renvoyant à la question des conditions de possibilité de l'engagement. Pour être salarié·e d'une organisation ou s'y maintenir, il ne faut pas uniquement respecter les termes du contrat de travail, mais aussi correspondre à cet éthos. En tant qu'engagement pensé comme une activité dévouée et désintéressée, l'éthos militant impose ainsi des critères de sélection et de maintien dans l'activité engagée. Dans ce cas, il faut accepter que le travail salarié dans une organisation de gauche soit marqué par un engagement dépassant le contrat de travail, sans rémunération ou compensation de ce dépassement. Or, qui peut se permettre de s'engager avec pour rétribution ou compensation majeure la satisfaction idéologique de faire avancer la cause, de se consacrer sans limites à une activité non rémunérée ? Aussi bien dans l'engagement militant que dans le travail engagé, l'éthos militant opère une sélection entre les personnes pouvant répondre à ce modèle et les autres.

Sur le plan matériel, l'éthos militant exige de l'argent et du temps. Appartenir aux classes populaires, avoir un emploi très prenant ou en être privé, réaliser des tâches de *care* (soin aux enfants, parents, partenaire, etc.) sont autant d'obstacles. Les personnes qui n'ont pas la disponibilité nécessaire pour aller à toutes les réunions, se déplacer dans l'urgence ou dans une autre ville, organiser ou participer à telle manifestation ou événement sont freinées dans leur engagement. Au niveau symbolique, c'est-à-dire social et culturel, l'éthos militant valorise également un certain niveau d'études ou de culture, imposant de fait un modèle relativement élitiste. Dans son étude, Daniel Gaxie décrit une sorte de spirale où l'engagement croissant d'une personne lui donne accès à de multiples rétributions lui permettant d'avancer dans l'organisation. Or on peut voir ici que cette spirale en cache une autre, celle de l'exclusion des personnes n'ayant pas les caractéristiques exigées par l'éthos militant : l'écart entre les personnes ayant des facilités pour s'engager et les autres crée une dynamique d'exclusion croissante où moins on peut s'engager, moins on est valorisé dans l'organisation et moins on a d'outils pour se maintenir et avancer dans le militantisme – ou le travail engagé.

En somme, l'éthos militant présente un modèle d'activité (dévouée et désintéressée) et un profil de militant « idéal » (homme, plutôt aisé, cisgenre, hétérosexuel, blanc, valide et diplômé). Le fait d'appliquer le modèle militant au travail salarié expose les salarié·es aux mêmes problèmes posés par l'éthos militant. Ielles se trouvent confronté·es à la fois aux violences et aux risques du monde du travail et à ceux du monde militant.

§11 - LE ROMANTISME DE LA SINGULARITÉ DE LA GAUCHE

On l'a vu, les patrons de gauche cherchent à mettre en récit la singularité du travail dans leur organisation, notamment pour nier la réalité salariale de ce travail. C'est ce qu'Yvan constatait lors de son stage dans une association d'aide à l'accès aux droits : « On est face à des gens qui ne voient pas ça comme du travail. Pour eux, c'est le sens de leur vie. Ce qui est difficile dans ce schéma-là, c'est de faire reconnaître le droit du travail à des personnes qui ont baigné toute leur vie dans cette cause. C'est là-dessus qu'il n'y a pas d'entente : c'est comme si tu disais à un requin d'arrêter de nager, il mourrait. Tu ne peux pas leur dire d'aller dormir et de revenir après. »

« Left is different », diraient les patrons de gauche : pas besoin de s'entêter avec le droit du travail puisque le travail à gauche est un « je-ne-sais-quoi » plus proche de la passion et de l'engagement. Ce qui entraînerait aussi une singularité de la gauche vis-à-vis du droit du travail. C'est ce que pointe Léo, salarié dans un média de gauche :

> Dans mon entreprise, la direction vend beaucoup l'idée qu'on est un collectif, un tout. C'est vraiment une boîte de gauche. La parité est respectée, les salaires respectent une grille fondée sur l'ancienneté. On reconnaît notre travail et sa qualité. Pourtant, l'entreprise repose sur un discours revendiquant l'existence d'un collectif de travail. Ce qui pose problème dès que des soucis individuels surgissent : ça n'entre pas dans la narration ! Il y a aussi eu une dynamique particulière consistant à dire « on est mieux que les autres, on est de gauche, on est au-dessus du droit du travail, c'est pas pour nous ça, on est là pour l'intérêt général, on fait le bien et non pas au mieux, on a le droit d'être un peu hors cadre, la fin justifie les moyens ». La direction sait qu'il y a des choses illégales, comme des retards dans les négociations obligatoires…

Ainsi, la singularité de la gauche peut conduire à se considérer comme étant purement et simplement au-dessus du droit du travail et des normes salariales existantes. L'idée est alors que le projet de gauche propose une vision davantage progressiste et dépasse le cadre du droit du travail. Quel sens donner à cette mise en récit ?

Pour en parler, je rencontre le professeur en droit du travail Emmanuel Dockès. Il parle d'une dynamique où « la générosité de l'objet permet la brutalité sans sentiment de culpabilité pour le patron ». C'est ce que nous avons vu jusqu'ici : l'attachement au travail et aux relations de travail sert d'outil de management pour le patron de gauche. Ainsi, ce discours constitue une romantisation, au sens d'une mise en fiction par le discours. Pourquoi le patron de gauche n'assume-t-il pas son rôle de patron pour assurer son autorité ? Pourquoi utilise-t-il le chantage à l'attachement du salarié pour assurer son autorité ? Emmanuel Dockès poursuit sa réflexion et apporte un élément de réponse : « Ce qui paraît paradoxal – des gens aux idées généreuses qui ont des pratiques brutales – ne l'est pas tant que ça. C'est un moyen pour les patrons de satisfaire leurs besoins d'employeurs sans se soucier des conséquences. » Utiliser l'attachement ou la motivation du salarié pour imposer un mode de gestion du personnel permet ainsi au patron de gauche d'assurer sa position de patron tout en maintenant un discours et un idéal de gauche. Le patron de gauche impose alors ses vues et son autorité sans perdre son aura militante, sa réputation de militant engagé pour la cause. Le grand écart entre la position de patron et l'idéal de gauche peut conduire à ces stratégies de management, conscientes ou non.

§12 - LA DIFFICILE SÉPARATION ENTRE LE SALARIAT ET L'ENGAGEMENT MILITANT

La contrainte comme frontière entre le salariat et l'engagement ?

On l'a vu, un comportement typique du patron de gauche consiste à se servir du militantisme comme outil ou modèle de management. Il cherche à motiver et à rétribuer le travail de ses salarié·es en utilisant le volet idéologique de son organisation et la fibre militante des salarié·es. *A priori*, la solution serait d'en finir avec la référence au militantisme, de séparer clairement le travail de l'engagement : dans l'idéal, le militantisme ne serait qu'un masque du salariat. Pourtant, cette option est bien plus compliquée qu'il n'y paraît.

Prenons au sérieux l'hypothèse d'une séparation claire entre le travail salarié et l'activité militante. Dans ce cas, il s'agit de revenir au fondement du travail salarié : la subordination juridique. Là où il y a subordination, c'est-à-dire obligation légale du·de la salarié·e d'exécuter la directive de l'employeur, il s'agit de travail et non pas d'engagement. C'est la conclusion à laquelle arrive Danièle à propos de sa relation avec un employeur qui gère son personnel sur le mode du militantisme :

> Quand tu es militant, tu as une réunion de temps en temps. Là, c'est une activité quotidienne. Et

> surtout, on a un contrat de travail. Avec le militantisme, tu as le choix de dire « là, je suis fatigué » ; avec un contrat de travail, non. À partir du moment où la tâche est imposée, pour moi, ce n'est plus du militantisme. C'est tout le nœud du conflit avec mon employeur. Il ne reconnaît toujours pas que c'est à lui de nous assurer de bonnes conditions de travail.

Dans cette réflexion, le critère central est celui de la contrainte. Le contrat de travail distingue et hiérarchise la relation entre deux individus engagés, l'un salarié, l'autre employeur, et fait d'une même activité non plus un engagement volontaire, mais un acte répondant à une obligation contractuelle. L'autre critère qui ressort de l'analyse de Danièle est celui de la possibilité de refuser une tâche. Dès qu'un refus peut entraîner une sanction de la part de l'employeur – sachant que cette sanction doit être licite, car si un employeur sanctionne le refus d'une tâche qui n'entre pas dans les fonctions définies dans le contrat de travail, celle-ci ne peut pas être considérée comme relevant du travail salarié – il s'agit de travail.

Pourtant, deux difficultés se posent ici. D'une part, le contrat de travail ne permet pas toujours de savoir si une tâche entre ou non dans les fonctions du·de la salarié·e : les fonctions sont souvent très générales. Imaginons un salarié ayant pour mission « l'animation du réseau » : cette fonction pourrait consister en une grande variété de tâches – organisations et participation à des réunions ou événements, gestion de mails, suivi des activités de groupes d'adhérents, participation à des manifestations, avec à chaque fois des horaires potentiellement différents de ceux prévus dans le contrat de travail. Comment distinguer précisément ce qui relève du contrat de travail et de l'engagement ? D'autre part, il peut arriver que le·la salarié·e soit volontaire pour une tâche liée à son activité mais extérieure aux obligations de son contrat de travail. Dans ce cas, la contrainte n'est pas ressentie comme telle ; et cette activité pourra bénéficier à l'organisation, mais ne sera ni rétribuée ni compensée par l'employeur. Indépendamment du jugement que l'on peut émettre sur le volontariat du salarié, qu'est-ce que cela signifie pour le rapport salarial ? En quoi l'engagement volontaire du salarié peut-il influer sur son activité salariale ? Cette question prend tout son sens dès que l'on constate que volontariat et salariat sont directement liés : dans les parcours des salarié·es d'abord, dans les profils des membres d'une organisation ensuite.

Le parcours des salarié·es : le mélange des genres

Les parcours décrits par les salarié·es mentionnent souvent une embauche effectuée à la suite d'un engagement bénévole ou militant. La personne a alors fait ses preuves à travers un travail gratuit, elle connaît son futur employeur et les deux construisent une relation, qui n'est pas salariale, avant de signer le contrat de travail.

C'est le cas de Sarah, employée d'un élu de gauche. D'abord militante, elle commence par se familiariser avec les actions de base du militantisme étudiant : tractages, réunions, manifs. Elle gagne peu à peu des responsabilités, on lui propose de rédiger des notes de synthèse. Elle se rapproche rapidement de ses camarades à force de passer les journées ensemble et de dormir chez l'un ou chez l'autre après une réunion. Très vite, elle ne distingue plus ses amis de ses camarades de lutte.

Son engagement paie, on lui propose un stage. Celui-ci commence plus tôt que ce qu'indique le contrat et représente une amplitude horaire bien plus importante : la limite avec le bénévolat n'est pas très claire. Tandis qu'elle progresse dans l'organisation, ses amis avancent aussi. À l'issue d'une élection, l'un d'eux gagne un siège d'élu et lui propose de devenir sa collaboratrice. Une fois installée dans son travail, Sarah voit le flou entre militantisme et travail salarié se densifier. Les liens préexistants à la relation salariale deviennent des instruments utilisés par l'employeur pour assurer son autorité. La relation affective sert de base à un chantage. Du côté de la salariée, son passé militant et amical aura le même effet – « il a raison, c'est plus qu'un travail, c'est une lutte politique ». L'expérience militante sera la porte ouverte à une culpabilisation politique : « ne devenez pas des professionnels de la politique, n'arrêtez jamais d'aller tracter le dimanche matin au marché », répète l'employeur. Dans ce contexte, la distinction entre ce qui relève du travail et de l'engagement est encore plus complexe précisément parce que l'engagement militant est intervenu avant chronologiquement et qu'il est considéré comme premier théoriquement. L'employeur attend alors de sa salariée le même engagement, les mêmes sacrifices et la même abnégation que ceux qu'il constatait durant les campagnes et les actions.

L'employeur n'a pas non plus pensé la transition et garde le militantisme comme modèle de référence, ce qui est bien le problème. Le passage au salariat implique des responsabilités puisqu'il implique des risques ; il nécessite une réflexion et des cadres.

Le cas des heures supplémentaires : recherche d'un équilibre entre salariat et engagement

En droit, les heures supplémentaires sont limitées légalement avec des précisions selon le secteur d'activité (convention collective) et doivent faire l'objet d'une compensation financière ou de repos[31]. C'est un enjeu dans toutes les structures employant des salarié·es. Mais dans le contexte des organisations engagées, la gestion des heures supplémentaires apporte une illustration de la façon dont y est considéré le travail, de la distinction entre ce qui est vu comme du travail salarié ou de l'engagement militant. Laura, responsable d'une association féministe[32], explique les enjeux qui se sont posés dans sa structure :

> Dans notre association, on a des contrats de travail de 35 heures mais, comme partout, on en fait plus.

31 Pour rappel, au-delà de 35 heures toute heure de travail est une heure supplémentaire. Les heures supplémentaires doivent faire l'objet d'une majoration soit par une rémunération majorée soit par un repos compensateur équivalent à la majoration. La majoration est fixée par accord et, à défaut, par la loi à l'article L.3121-36 du Code du travail.

32 En tant que responsable, Laura est salariée mais est mandatée par son conseil d'administration pour gérer les ressources humaines. Elle est donc à cheval entre une position de salariée et des fonctions d'employeur.

On a décidé de compter nos heures pendant quatre mois et on a vu qu'on faisait plutôt 39 heures. On a donc décidé de mettre en place 21 jours de récupération sur l'année, en plus des 5 semaines de congés, pour rattraper ces quatre heures hebdomadaires supplémentaires.

À partir de là se sont posés deux problèmes. On a dû réfléchir à ce qu'on faisait des heures au-delà des 39 heures : les payer ou les faire récupérer s'avérait trop cher et trop compliqué pour le fonctionnement de l'association. On a donc décidé de les interdire. Ce choix a remis sur la table la question du militantisme puisqu'en réalité, interdire les heures supplémentaires veut dire refuser de les payer et les faire entrer dans la case de l'engagement personnel non rémunéré. Ensuite, le second problème, c'est que dans notre modèle, il est possible théoriquement qu'une salariée fasse moins de 39 heures mais prenne tout de même les 21 jours de récupération. Là-dessus, on a fait un autre choix : on maintient ces jours de récupération en assumant que le dépassement des 35 heures est la règle dans notre association. On a vu qu'on en avait les moyens et que c'était un moyen pour que les salariées puissent passer du temps avec leur famille ou avoir du temps libre et des occupations. Dans ce modèle, l'avantage, c'est qu'on évite de compter les heures tout en assurant un mode de récupération. L'inconvénient, c'est justement que la récupération n'est pas proportionnelle et qu'au-delà des heures prévues il n'y a pas de compensation.

Il s'agit ici d'un exemple particulier, mais le témoignage de Laura permet de souligner deux enjeux importants. Tout d'abord, son association a fait le choix d'assumer que les heures supplémentaires étaient la norme et devaient être prises en compte. La perspective me semble intéressante puisqu'ici, l'association décide de prendre les devants et de faire du dépassement du cadre minimal du droit la règle. Ensuite, on retrouve la question du rapport du salariat à l'engagement : interdire et ne pas payer les heures au-delà du système de récupération semble déplacer le problème. Il semblerait que dès que l'on sort du champ de ce qui est prévu par le contrat de travail, on entre dans le champ de l'engagement et du militantisme. L'engagement serait alors l'ombre du contrat de travail, ce serait tout ce qui est estimé trop compliqué ou trop cher pour être pris en compte comme du travail salarié. Dans la suite de son témoignage, Laura analyse cet enjeu :

> S'agissant de ce qui relève de l'engagement politique ou personnel, on a différentes règles. Pour les interventions en soirée, en meeting par exemple, on estime qu'un retour après 22 heures et à plus de 30 minutes de chez soi entre dans le cadre du travail, on compte les heures et le travail paye un taxi. Pour le reste, c'est plus compliqué, la participation à des événements politiques peut selon les personnes entrer dans le cadre du travail ou de l'engagement personnel. Pour moi, dès lors que ce n'est pas une prescription de l'employeur, on est dans du militantisme. Et à l'inverse, si on commence à faire

entrer beaucoup d'événements politiques dans le cadre du travail, comme aller en manif, on estime que l'employeur peut exiger cette participation de ses salariés, ça me semble dangereux.

Je ne pense pas que ça conduise à une pression à l'engagement où on va implicitement exiger des salariées qu'elles participent à des manifs, par exemple, justement parce qu'on a d'autres façons de montrer son engagement au travail. Si une collègue ne va pas en manif, elle a toute une panoplie d'outils dans le travail qui sont autant d'occasions de signifier son engagement. Il me semble que tout l'enjeu est de parvenir à un équilibre entre les différentes formes d'engagement pour que tout ne repose pas sur l'engagement militant, la participation aux manifs et à des réunions extérieures. Avec notre système de récupérations fixes, on évite de se poser cette question : les heures supplémentaires sont prévues, chaque salariée peut décider de la façon dont elle les utilise, dans des manifs, au bureau ou en vacant à des activités personnelles.

Octroyer des jours de récupération à toutes les salariées et assumer qu'il existe différentes formes d'engagement au travail en dehors du militantisme ou de l'engagement politique et social, c'est la clé du modèle développé par l'association de Laura. S'il s'agit encore une fois d'un cas particulier répondant à un contexte particulier, cet exemple invite à assumer la tension entre salariat et engagement, donc à mettre en place des mesures permettant d'équilibrer ces deux formes d'activités.

Dans la suite de son témoignage, Laura poursuit la réflexion sur la recherche d'équilibre en posant la question des freins à l'engagement pour les salarié·es. Comment considérer le moindre engagement d'un·e salarié·e au travail ?

> Dans notre réflexion pour trouver un fonctionnement alternatif, j'ai constaté que ce n'était pas le souhait de l'ensemble de l'équipe. Mes aspirations de partage du pouvoir convainquent une partie de l'équipe salariée, mais pas la totalité. Et, de fait, qui dit partage du pouvoir dit partage des responsabilités. Nos méthodes de recrutement qui incluent l'ensemble de l'équipe salariée mettent en inconfort certaines salariées. Dans nos échanges, je vois qu'un fonctionnement plus vertical peut être aussi plus sécurisant pour certaines d'entre elles. J'en conclus qu'on ne peut pas satisfaire tout le monde, les personnes voulant plus de participation à la prise de décision et celles voulant se limiter à leur fiche de poste. Pour moi, c'est une question de périmètre. Mon dilemme, c'est de voir qu'on ne peut pas faire un périmètre à la carte en fonction des salariées. C'est donc un sacré merdier, mais on ne désespère pas de trouver le bon périmètre de participation.

Si on peut être vigilant sur le risque d'une sur-responsabilisation des salariées en exigeant un engagement dépassant la fiche de poste ou sans moyens suffisant pour le réaliser (voir le chapitre 1), le témoignage de

Laura a le mérite de poser la question des différents niveaux d'engagement. Elle invite ainsi à assumer qu'il existe une pluralité de modes et de volontés d'engagement militant, personnel et professionnel. Son témoignage appelle à ne pas imposer un canon d'engagement applicable à tous·tes les salarié·es. À l'inverse, il semble qu'une piste de solution se trouve dans un respect de ces différences d'engagement et dans une recherche d'équilibre entre eux. Les réponses à apporter dépendent précisément de la structure, des personnes et du contexte.

CHAPITRE 3

LA DISSONANCE COGNITIVE

Cela devait être le point de départ de ma réflexion, l'élément qui saute aux yeux et fait sans doute le plus de mal aux personnes qui le vivent : le principe du « fais ce que je dis, pas ce que je fais ». Au fil des entretiens et de mes réflexions, j'ai saisi que pour comprendre cette logique, il fallait d'abord observer les comportements d'évitement et de chantage politico-affectif. Pourtant, cette logique reste au cœur de ma réflexion sur le comportement du patron de gauche. J'en parlais comme d'un écart entre le discours et les pratiques. Sarah m'en parlait comme d'une spirale, image qui me plaît, où l'écart entre les paroles et les actes ne fait que s'accroître tant qu'il n'est pas dénoncé. Aïda m'a parlé de la notion de dissonance cognitive, terme scientifique désignant une tension de la pensée face à deux éléments cognitifs discordants, comme un écart entre l'attitude et l'opinion d'une personne. C'est bien de cela dont il est question : une dissonance. Là encore, il ne s'agit pas de donner une explication à ce comportement ou d'essayer de raisonner son auteur, ce qui reviendrait à tomber dans le piège de cette spirale dissonante et à perdre de vue l'objectif de cette enquête, mais de décrire ce comportement et d'en comprendre les effets.

§13 - LA DISSONANCE COGNITIVE, UN RISQUE PSYCHOSOCIAL

«Je ne m'attendais à rien, mais je suis quand même déçu.» Cette citation de Dewey[33] résume assez bien mon sentiment après ma première expérience comme salarié d'une employeuse de gauche.

Je suis arrivé à ce poste au moment de la mobilisation sur les ordonnances Macron sur le travail. Je voyais mon employeuse défendre la cause des travailleur·euses, je rédigeais des notes sur la question, je produisais des contre-propositions. Une fois revenue dans son bureau, elle reprenait sa place de patronne de gauche: c'était comme si sa personnalité se dédoublait. J'étais frustré de voir cette dissonance et d'avoir le sentiment que personne ne la considérait comme un problème. «Deux poids, deux mesures»: j'essayais de trouver la bonne expression pour traduire ce qui se passait. «Fais ce que je dis, pas ce que je fais»: c'était ça qui se jouait.

Au début, je me suis surtout concentré sur son comportement de patronne de gauche, en essayant de l'expliquer, d'y trouver une cause rationnelle pour pouvoir

33 Dans la série *Malcolm in the Middle*, saison 6, épisode 5.

ensuite, à force d'argumentation et de communication, parvenir à lui faire entendre raison. Très vite, j'ai compris que c'était peine perdue. C'était même pire : le fait d'essayer de la comprendre est devenu en soi un facteur de stress, ce qui me semble être en soi le symptôme d'un problème au travail. Plutôt que de m'attarder sur les états d'âme du patron de gauche, j'ai décidé de me concentrer sur une réalité tangible et grave : ses effets sur la santé mentale et physique. Et de fait, je n'étais pas le seul à vivre cette frustration. C'est d'ailleurs une réalité observable dans le monde du travail en général, pas seulement dans les organisations engagées. La notion employée dans le domaine professionnel est celle des « risques psychosociaux » (RPS), qui regroupent six facteurs de risques (voir ci-dessous), dont l'un retient particulièrement mon attention : le conflit de valeurs.

LES RISQUES PSYCHOSOCIAUX

Cette notion n'est pas définie par un texte de loi, on ne la trouve pas comme telle dans le Code du travail. Pour en trouver une définition précise, il faut regarder le rapport Gollac[1], publié en 2011 :

★ Les risques psychosociaux sont définis comme « des risques pour la santé mentale, physique et sociale, engendrés par les conditions d'emploi et les

1 En 2011, Michel Gollac, président du collège d'expertise sur le suivi des risques psychosociaux au travail, est chargé par le ministère du Travail d'un rapport sur cette question.

facteurs organisationnels et relationnels susceptibles d'interagir avec le fonctionnement mental ». En somme, ce sont les risques liés à l'organisation du travail et ayant un impact négatif sur la santé mentale et physique des salarié·es.

★ Le syndicat CGT préfère d'ailleurs le terme « risques socio-organisationnels » avec l'idée que ce ne sont pas les travailleur·euses qui viennent avec ces problèmes et qu'ils ne résultent pas d'une sensibilité ou de problèmes personnels, mais bien de violences au travail.

★ Ces risques sont au nombre de six :

- **les exigences au travail** : l'intensité, la complexité du travail conduisant à une surcharge de travail.
- **les exigences émotionnelles** : cela renvoie au travail émotionnel, c'est-à-dire au fait de devoir agir sur ses propres émotions pour satisfaire les exigences du travail.
- **le manque d'autonomie et de marge de manœuvre.**
- **les mauvais rapports sociaux et relations de travail.**
- **les conflits de valeur et la qualité empêchée** : conflits éthiques, sentiment d'un travail inutile, difficulté à pouvoir faire du « bon travail ».
- **la sécurité de la situation de travail :** la sécurité de l'emploi, les changements récurrents de postes, etc.

★ Les conséquences de ces risques sont une dégradation de la santé physique et mentale des travailleur·euses avec des maladies cardiovasculaires, des troubles musculaires ou du squelette, des troubles de la santé mentale (épisodes dépressifs, anxiété, état de stress post-traumatique, tendances suicidaires), ou encore une aggravation ou une résurgence de maladies chroniques.

★ Différents accords nationaux sont censés permettre l'évaluation et la prévention de ces risques[2], mais sur le plan légal, ils s'intègrent essentiellement à l'obligation générale de sécurité de l'employeur[3]. Il s'agit d'une obligation de résultat[4] : en cas de « réalisation du risque » (maladie, accident, etc.), l'employeur devra démontrer qu'il a mis en place les moyens appropriés de prévention pour l'éviter ; dans le cas contraire, il pourra être tenu responsable du dommage pour le·la salarié·e. La loi précise également les mesures de prévention que l'employeur doit mettre en place, notamment l'obligation d'éviter, d'évaluer et de combattre les risques[5].

2 Je retiens notamment les Accords nationaux sur le stress au travail du 2 juillet 2008, celui sur le harcèlement et la violence au travail du 26 mars 2010 et celui sur la qualité de vie au travail et l'égalité professionnelle du 19 juin 2013.

3 L'article L4121-1 du Code du travail précise : « L'employeur prend les mesures nécessaires pour assurer la sécurité et protéger la santé physique et mentale des travailleurs. » C'est cette phrase qui détermine la responsabilité de l'employeur sur la santé de ses salarié·es.

4 L'obligation de résultat est définie par la jurisprudence (notamment l'arrêt de la Cour de cassation, chambre sociale, 22 février 2002, pourvoi n° 99-18389) et précise qu'en cas d'accident ou de maladie liée aux conditions de travail, il est possible d'engager la responsabilité de l'employeur.

5 Article L.4121-2 du Code du travail.

Le facteur « conflit de valeurs » est donc considéré comme un risque pour la santé des travailleur·euses. Il englobe les conflits éthiques : le fait de trahir ses propres valeurs, mais aussi sa conscience professionnelle ; le fait de devoir mentir ou tricher au nom du bon fonctionnement de l'entreprise.

C'est sur ce risque que porte mon intérêt. Le fait de le traiter comme un risque psycho-social permet de rationnaliser la situation : il ne s'agit pas d'un problème personnel, mais d'un risque lié au travail et qui relève de la responsabilité de l'employeur. C'est même plus, en tant que risque psycho-social, la dissonance de l'employeur contrevient à son obligation de santé et de sécurité envers ses salarié·es.

§14 - LA DISSONANCE MANAGÉRIALE, POLITIQUE, PROFESSIONNELLE ET PERSONNELLE

Une dissonance désigne un faux accord. En musique, c'est une relation entre deux sons qui ne vont pas bien ensemble. La dissonance commence par un premier son, auquel vient s'en ajouter un autre, dissonant. C'est le monde des paradoxes et des oxymores, des objets opposés mais juxtaposés. Dans les organisations engagées, ce premier son est sans doute celui du discours porté par l'organisation, de l'engagement affiché et prononcé. Les éléments avec lesquels il entre en dissonance sont de divers ordres.

Il y a d'abord une dissonance entre le discours présenté par l'organisation ou l'employeur et la réalité des pratiques de gestion des salarié·es : c'est une dissonance managériale. C'est ce que l'on a le plus vu jusqu'à maintenant dans cette enquête.

Ensuite, ce même discours de l'organisation ou de l'employeur peut entrer en contradiction avec les pratiques et le fonctionnement même de l'organisation. Je parle dans ce cas de dissonance politique. L'exemple le plus parlant est sans doute le cas décrit dans l'ouvrage du collectif Le Grimm à propos de l'association Kokopelli[34]. Alors que dans son discours public, « Kokopelli affirmait que les activités commerciales avaient pour fonction le financement des opérations humanitaires[35] », l'activité humanitaire était en réalité délaissée.

Par ailleurs, les salarié·es disposent de leurs propres valeurs et discours, avec lesquelles le discours du patron de gauche peut également entrer en conflit. Je parle alors de dissonance professionnelle. C'est le sens des témoignages que m'ont apportés Margaux et Amélie, salariées d'un théâtre connu pour son engagement. Un changement de direction artistique a entraîné l'arrivée d'une nouvelle direction porteuse de son propre projet artistique, pensé et imaginé en dehors du théâtre, sans son personnel. Rapidement, la direction a voulu changer l'équipe, incorporer des personnes liées au projet initial. Le théâtre est pourtant un établissement public,

34 Le Grimm, *Nous n'irons plus pointer chez Gaïa. Jours de travail à Kokopelli*, Éditions du bout de la ville, 2017.

35 *Ibid.*, p. 87.

où l'artiste nouvellement nommée est censée travailler avec l'équipe présente. La nouvelle direction cherche alors des prétextes pour licencier et développe des stratégies pour pousser les salarié·es au départ. Commencent alors quatre années de management par la terreur, de stratégies de division du collectif de travail, puis le départ de plus de la moitié du personnel permanent. Mais le témoignage de Margaux et Amélie ne s'arrête pas là. Leur théâtre est connu des sphères militantes de leur ville et s'affiche ouvertement comme très militant. La direction du théâtre décide désormais de l'orientation de son engagement, tout désaccord ou refus d'adhérer étant considéré comme une trahison :

> La directrice est persuadée de détenir la vérité, de manière presque religieuse. Si tu n'es pas capable de voir qu'elle a raison par toi-même, tu es un ennemi. Si on n'est pas dans sa logique, on est contre sa logique. C'est écrasant comme système car tout ce qui est intermédiaire est évacué. Je ne vois pas comment ça n'aurait pas pu être clivant, conflictuel. Elle nous reproche à nous, à la représentation du personnel, de ne pas être d'accord. L'opinion divergente est considérée comme hostile. Plus la marge de liberté d'expression est faible, plus le choc est raide en cas de désaccord.

Margaux décrit ensuite un autre type de dissonance. Si les dissonances managériale, politique et professionnelle s'exercent dans le cadre du travail, elle note que cela peut aussi être le cas avec les valeurs et pratiques personnelles ou privées du·de la salarié·e. Il s'agirait d'une méta-dissonance, ou plutôt d'une dissonance personnelle :

> Le théâtre avait accueilli une réunion après un 1er mai, d'un collectif autonome que je suivais à titre personnel. Je me suis dit « c'est typiquement le genre de réunions où je vais, mais je ne peux pas y aller, je me sens trop mal ». Il y a une trop grande contradiction entre le lieu, sa réalité sociale, et ce genre de réunion. Alors j'ai l'impression qu'on me vole mes réunions et mes espaces d'engagement. C'était pour nous un moment horrible, très conflictuel, on était en pleine période d'élection professionnelle, il y avait quatre salariés en arrêt maladie, un collègue insulté durant une réunion… On a été beaucoup à le vivre comme violent.

Margaux montre ici que les dissonances ne se limitent pas à l'intérieur de l'organisation : lorsque des personnes extérieures au théâtre y organisent des événements, elle est confrontée au décalage entre ses espaces de militantisme personnel et la réalité de son travail. Le conflit de valeurs devient personnel.

Bien évidemment, tout désaccord avec l'employeur (professionnel, personnel, politique) ne constitue pas nécessairement un risque psychosocial. L'essentiel est de noter que la dissonance cognitive peut se jouer à plusieurs niveaux. C'est lorsque ces dissonances sont générées par le travail et ont des conséquences sur les conditions de travail et la santé des salarié·es qu'il revient de parler de risque psychosocial. Et cette emprise du travail sur l'état mental des salarié·es génère de la souffrance. La dissonance sonne mal et fait mal.

§15 - PLUS LE DISCOURS DISSONANT SE DIT ENGAGÉ, PLUS IL Y A DE SOUFFRANCE

Les RPS représentent un risque commun à l'ensemble des salarié·es, non limité aux organisations engagées. Pourtant, les témoignages ont fait apparaître une spécificité : si les organisations engagées peuvent accueillir un discours particulièrement radical, alternatif, critique, les pratiques peuvent s'y avérer aussi délétères que dans le reste du monde du travail. La radicalité du discours conduit à un écart encore plus grand avec les pratiques, à un conflit de valeurs encore plus intense. Le risque pour les salarié·es est donc plus important. Or, on l'a vu, les dissonances managériale, politique, professionnelle et personnelle ont un impact fort sur les salarié·es. Margaux parle alors d'un dédoublement :

> Quand j'ai repris le travail après la grève[36], j'ai eu du mal à reprendre pied face à un tel écart entre les discours et les actes… La direction organise en permanence des actions avec des journalistes, des associations, des mouvements sociaux. Et nous, salariés, on y voit tellement d'hypocrisie qu'on a le

36 Des salarié·es du théâtre s'étaient mis·es en grève prolongée contre une restructuration du personnel engagée par la direction.

> sentiment d'une trahison. Même simplement assister à ce genre d'événements, les entendre parler et ne rien pouvoir dire parce qu'on est dans le cadre du travail, ça donne le sentiment d'un dédoublement de personnalité.

Le cas de ce théâtre présente un conflit de valeurs particulièrement intense. Amélie, collègue de Margaux, l'explique :

> C'est un enjeu identitaire : accepter l'inacceptable, c'est perdre notre identité. Quand on parlait aux gens de la situation, tout le monde était étonné. Et encore, on donnait souvent le change, des gens nous posaient des questions et on disait que ça allait… Parfois, je disais juste timidement « c'est compliqué ». Il y a une distorsion, un conflit de valeurs violent, d'autant plus quand on est engagé. Au fond, si on n'avait pas été aussi engagés nous-mêmes, on aurait peut-être moins souffert. La souffrance vient de la distorsion et la distorsion vient du fait qu'on a un engagement qu'on ne veut pas lâcher et qu'on fait le taff qu'on nous demande. L'écart est énorme.

Ici, on ne parle plus seulement de « valeurs » ou « d'éthique », mais d'identité, des identités militante et personnelle du·de la salarié·e. La rencontre entre l'engagement du·de la salarié·e et celui de la structure fait du conflit de valeurs un risque particulièrement aigu dans ces organisations.

§16 - NIER LES DISCRIMINATIONS : LA DISSONANCE COMME OBSTACLE À LA LUTTE

Si les dissonances managériale, professionnelle, politique et personnelle sont des facteurs de souffrance pour les salarié·es, elles peuvent aussi constituer un frein ou un obstacle supplémentaire à leurs luttes. En effet, en plus de devoir dénoncer ou lutter contre des pratiques précises, ielles doivent se confronter au discours qui les accompagne et les justifie, et lutter sur les deux fronts : le front salarial et le front discursif. Partant de là, j'identifie trois difficultés pour la lutte des salarié·es.

Tout d'abord, l'enjeu discursif est loin de se limiter à une simple question de mots. Le témoignage de Julie permet de comprendre les effets de la dissonance sur les conditions de travail des personnes minorisées :

> Je vis dans un environnement hostile et hostile à ma personne. Une fois, le sujet de l'islamophobie a surgi au travail. Ça a été un moment violent où je voyais mes collègues tenir des propos insultants qui visaient des gens qui me ressemblent, des positions qui nous mettent en danger. Ces mêmes collègues sont ensuite venus me faire la bise, je devais travailler avec eux. C'est ça, l'ambiance de travail. Et lorsque je m'exprime, je suis disqualifiée au motif que mon avis est trop « personnel » ou « émotionnel ». C'est un cadre de travail stressant, qui minimise et remet en cause mes compétences. Tous les ingrédients du burn out sont présents.

> La question qu'on se pose alors, c'est comment faire pour réaliser notre travail sans se détruire, sans partir en dépression ?

L'écart entre le discours et les pratiques est d'autant plus fort quand on fait partie de minorités sociales. Dans son témoignage, Julie parle d'un « environnement » où la dissonance est un élément constamment présent, avec un effet globalisant.

Il me semble que le principal effet de cet environnement hostile est l'isolement du·de la salarié·e. J'ai pu expérimenter cette difficulté aussi bien au travail que dans mon engagement militant. Lorsque je dénonce – ou simplement souligne ! – un acte ou un propos homophobe, on m'oppose souvent la preuve implacable d'un engagement ou d'un discours affiché contre l'homophobie par l'organisation. Si, en général, les gens peinent à reconnaître une attitude oppressante, dans les milieux militants, une telle reconnaissance apparaît comme encore plus difficile, sans doute parce qu'il y est compliqué de penser la possibilité d'un propos ou d'un acte discriminant. Comment puis-je dire ou faire quelque chose d'homophobe si je suis engagé dans une organisation qui se positionne contre l'homophobie ? C'est le pendant militant du « je ne suis pas homophobe, j'ai un ami gay ». La révélation d'une dissonance entre le discours affiché et les pratiques ne conduit pas à une remise en cause, à un effort, mais bien au contraire à une négation du problème. Le bouclier discursif rend inconcevable la possibilité qu'une discrimination ou une oppression ait lieu, et le·la salarié·e se retrouve isolé·e face au reste de l'organisation, parce que stigmatisé·e et parce que la dénonciation de la discrimination est vécue par l'organisation comme une remise en cause de son identité. Comment expliquer cet effet ?

On arrive à la troisième difficulté posée par les dissonances du patron de gauche pour la lutte des salarié·es. Mon hypothèse est que l'écart entre le discours et les pratiques est constitutif de l'identité d'un bon nombre de ces organisations. La moindre dénonciation y est alors vécue comme une attaque profonde portée contre l'organisation elle-même. En effet, ces organisations se présentent généralement avec tous les étendards standards de la « gauche » : antiraciste, antisexiste, antihomophobe, anticlassiste, antivalidiste, etc. C'est bien souvent cette liste qui fait que ces organisations sont engagées, progressistes, de gauche ou d'extrême gauche, et qui les distingue des autres ou du monde du travail (§12). C'est même parfois elle qui fonde l'objet social de l'organisation. Dans ce contexte, une simple remarque peut remettre en cause tout l'équilibre de l'organisation, voire son identité. On considère le maintien de l'organisation, de son fonctionnement et de son organigramme comme prioritaire, ce qui explique les résistances face aux dénonciations de discrimination. C'est ce que constatent les autrices Stella Fihn et Lily Zalzett dans leur étude sur le secteur associatif[37]. Selon elles, en matière de racisme et de sexisme, les « valeurs affichées par les associations sont constamment en contradiction avec celles pratiquées en interne » ; il n'y a « pour les

37 Stella Fihn et Lily Zalzett, *Te plains pas…*, *op. cit.*

associations, et notamment pour leurs directions, ni pour leurs donneurs d'ordre d'intérêt à aborder frontalement la question des rapports de domination en leur sein». Elles concluent: «C'est une fois de plus la survie de l'association qui protège les rapports en place[38].»

En ce sens, la dissonance du patron de gauche ne se résume pas à une décision précise qui serait contraire à une déclaration précise, mais bien à un mode de gestion permanent du personnel. La dissonance n'est pas une erreur, une simple fausse note, mais bel et bien un mode de gestion. On vient de le voir, ce mode de gestion consiste à défendre l'intégrité ou l'identité de l'organisation au mépris de la dénonciation de pratiques néfastes par des salarié·es. Une organisation est alors capable d'agir en désaccord avec son propre discours précisément pour éviter toute remise en cause de son engagement. On voit se dessiner ici une spirale de la dissonance où l'organisation tente de masquer ses paradoxes, ses écarts entre pratique et discours par toujours plus de dissonance. Tout l'enjeu est alors de déconstruire cette spirale et de sortir de l'isolement les salarié·es qui en subissent les conséquences.

§17 - LE LEFT WASHING, STADE SUPRÊME DE LA DISSONANCE COGNITIVE

Que reste-t-il des discours engagés lorsque les pratiques ne suivent pas ? C'est tout le problème : cet écart laisse

38 *Ibid.*, p. 82.

un vide. L'organisation jouit d'une image de respectabilité sociale de façon trompeuse. Dans la lutte écologiste, on parle de *greenwashing*, on peut ici parler de *left washing*.

Car l'engagement peut faire vendre, il peut faire venir la clientèle ou la maintenir, de même que des subventions ou des facilités offertes par d'autres organisations ou les pouvoirs publics. L'engagement fonctionne alors comme un label, comme pour dire « ici, on travaille pour un monde meilleur ». Mais contrairement aux labels, il n'existe pas de charte éthique, de contrôle des conditions de production. Et ce phénomène produit des effets concrets, comme dans le cas de Nathalie et Lisa, toutes deux salariées d'une association d'éducation populaire :

> N. — Dans notre association, on nous demande de travailler sur un logiciel de reporting, qui ne nous sert pas au quotidien mais permet à la direction de contrôler notre activité. C'est une grosse perte de temps pour tous les salariés. L'an dernier, au séminaire de direction, le directeur adjoint qui gère cette plateforme a pris la parole en se disant « choqué et triste » face aux critiques de cet outil. Il a dit : « Cet outil n'est pas parfait, mais ce que je veux entendre… si je suis là depuis vingt ans, c'est pour lutter contre le FN dans les quartiers. » Comment on est passés de l'outil de reporting au FN ? C'est n'importe quoi. C'est là que je me suis dit que lors des AG ou des réunions avec des personnes extérieures, on est là pour faire semblant devant leurs partenaires financiers.

> L. — L'asso fait travailler énormément de personnes en service civique, parce que ça ne coûte rien, et il n'y a aucune réflexion dessus. On a déjà acheté des pâtes aux services civiques car on se rendait compte que certains ne mangeaient qu'une fois par jour… La direction utilise le discours de l'engagement pour effacer tout ce qui se passe, elle ne se pose aucune question.

Dans ce cas, l'engagement sert encore de bouclier à toutes les critiques possibles. Mais le discours engagé peut aussi s'accompagner d'une logique productiviste.

> L. — Maintenant, des gens de l'association cherchent des financements privés. Une branche « service » a même été créée pour vendre des services aux entreprises.
> N.— On se retrouve avec des jeunes qui en réalité passent leur temps à remplir des tableaux Excel, à faire du reporting pour montrer à la direction que les objectifs sont atteints. Et c'est la seule chose qu'on regarde de ton travail. Mais on parle d'enfants, pas de vendre des DVD ! Et par ailleurs, la croissance d'activité n'est jamais corrélée à une croissance en ressources humaines. Alors on fait du fordisme, avec des *process* pour faire deux fois plus. On a doublé l'activité en deux ans, sans salarié supplémentaire.

Voilà le second volet du *leftwashing* : il ne s'agit plus seulement d'un écart entre les paroles et les actes, d'un discours utilisé comme outil de management et argument de vente ou de recherche de subvention. Ici, c'est clairement une porte d'entrée dans la logique du secteur privé, une mise à profit du discours engagé à des fins de marketing, économiques, capitalistes.

Lisa explique que son association a d'abord cherché des financements privés, puis s'est mise à copier les codes et les fonctionnements de ses financeurs, par exemple à travers des objectifs chiffrés. Bien sûr, ce phénomène n'est pas nouveau et renvoie à l'histoire récente du monde associatif – analysée par Stella Fihn et Lily Zalzett, qui montrent notamment les ravages du fait de passer des subventions de fonctionnement à un financement par appels à projet[39]. Mais il me semble important de voir comment le discours engagé accompagne ce développement : les pratiques changent par la contrainte de l'État et du marché, mais le discours reste le même.

Les témoignages de Nathalie et Lisa montrent que le discours engagé sert alors de pont entre le monde de l'engagement et le marché. C'est en conservant son discours engagé aussi bien vis-à-vis des salarié·es que de l'extérieur que cette association se rapproche d'entreprises. D'autre part, ces rapprochements permettent au marché de s'alimenter grâce à des dispositifs issus d'organisations engagées : subventions et aides publiques, recours au bénévolat ou au militantisme. Le *leftwashing* apparaît alors – pour paraphraser Lénine[40] – comme le stade suprême de la dissonance cognitive : loin d'être une erreur, l'écart

39 Stella Fihn et Lily Zalzett, *Te plains pas…*, *op. cit.*

40 En 1917, Lénine publiait un essai intitulé *L'Impérialisme, stade suprême du capitalisme*.

entre le discours et les pratiques est un outil de management et de marketing. Bien sûr, toute dissonance du patron de gauche n'amène pas à une marchandisation de l'engagement – mais c'est une possibilité.

§18 - UNE PISTE : LA GRÈVE COMME ACTE DE RECONSTRUCTION

Dans une organisation engagée, l'employeur peut être tenté d'exiger une adhésion totale de ses salarié·es à son projet : tout désaccord devient alors l'explicitation d'une dissonance entre les valeurs du patron et des salarié·es, et aboutit à un conflit.

Le fait qu'un conflit de valeurs puisse se transformer en conflit social révèle qu'il existe une tension entre le droit de conserver une opinion personnelle et des valeurs propres et le fait d'être assujetti à une obligation d'obéissance en tant que salarié. C'est la question du rapport entre la subordination juridique du salarié et sa liberté fondamentale d'opinion et d'expression. Cette tension est particulièrement forte dans une organisation engagée puisque, par définition, le travail y répond à un projet politique et à des valeurs précises. Où commence et où s'arrête la liberté d'opinion et d'expression du salarié ?

Plutôt que de commencer une dissertation sur le droit du travail, revenons à l'exemple concret de ces deux salariées d'un théâtre engagé. *A priori*, on pourrait penser que c'est le devoir du salarié d'obéir aux directives de l'employeur, qu'il doit distinguer son activité professionnelle et ses opinions personnelles. Mais, dans notre exemple, à la dissonance professionnelle s'ajoute une dissonance personnelle qui génère chez les salarié·es une souffrance, un conflit de valeurs, un risque psychosocial. Or, l'employeur a l'obligation de veiller à la santé mentale et physique de ses salarié·es. On se retrouve alors dans une impasse, pris entre les obligations du salarié et celles de l'employeur. Pour tenter d'y répondre, je parle avec Amélie de la grève qu'ielles ont menée dans le théâtre :

> La souffrance vient de la distorsion et la distorsion vient du fait qu'on a un engagement qu'on ne veut pas lâcher mais qu'on fait le taff qu'on nous demande. L'écart est énorme. Et si on veut s'en sortir, il faut recoller ces deux morceaux. La grève, quelque part, était un acte de reconstruction, de reconstitution de ce psychisme morcelé. C'est pour ça qu'on était bien à ce moment-là.
>
> Lorsqu'on s'est mis en grève, ça a été important pour nous. Je ne savais pas si on allait gagner et retourner à nos postes. Mais je voyais que ce n'était plus possible de se taire, il fallait que ça se sache, qu'on était maltraités.
>
> Il y avait des moments durs, mais c'était un soulagement de lâcher mon taff ; et des moments d'angoisse, mais c'était reconstructeur. Surtout dans mon métier où on parle du spectacle et, dans une certaine mesure, d'un projet social. Le fait qu'il y ait eu une grève, qu'on ait pu dire les choses, ça a été une libération.

Alors que nombre de conflits débouchent sur le départ individuel de salarié·es[41], le cas de ce théâtre montre une autre solution : l'action collective et revendicative. Par la grève, les salarié·es ont répondu ensemble au conflit de valeurs, et ont apporté une autre solution que la rupture du contrat de travail par licenciement ou par démission : la suspension du contrat de travail et du rapport de subordination par la grève. C'est en sortant momentanément du rapport salarial qu'ielles ont pu réaffirmer leurs valeurs.

Ici, la grève n'est pas seulement un moyen de revendication, mais aussi la réaffirmation des droits des salarié·es, de la limitation du pouvoir de l'employeur, voire une réponse et une solution au conflit de valeurs. En imposant un arrêt du travail, ielles sont sorti·es de la dissonance et ont pu reconstruire ou reconstituer leur identité abîmée par le travail.

Face à un conflit de valeurs extrême, la solution ne se trouve pas dans le rapport salarial lui-même, mais dans sa suspension. Il ne s'agit évidemment pas de délégitimer le départ de salarié·es, poussé·es à la démission ou licencié·es, ni d'idéaliser la grève en mettant de côté les nombreux efforts nécessaires pour la monter, la maintenir et obtenir satisfaction. Il s'agit bien plutôt de voir que la réponse revendicative et collective est une voie possible pour répondre et sortir du conflit de valeurs et des souffrances qu'il engendre.

41 Stella Fihn et Lily Zalzett, *Te plains pas…*, *op. cit.*

CHAPITRE 4

REFUS DES CONTRE-POUVOIRS ET ANTISYNDICALISME DE GAUCHE

Être de gauche et travailler pour une organisation de gauche, est-ce forcément un piège ? Est-ce toujours synonyme de mauvais traitements et de souffrance au travail ? Bien évidemment que non. Pour autant, on l'a vu, les patrons de gauche utilisent des modes de rétribution du militantisme pour installer leur autorité d'employeur, s'assurer de la motivation et de l'engagement de leurs salarié·es. Allons plus loin : le management de gauche, marqué par le camouflage et les dissonances, conduit à refuser la possibilité même d'un contre-pouvoir au sein de l'organisation, donc, dans le cas du travail salarié, à nier la liberté syndicale. Lors des entretiens, nombre de salarié·es ont ainsi montré que les patrons de gauche avaient également recours à l'idéologie et aux ressorts du militantisme pour gérer des conflits, les étouffer ou empêcher les salarié·es de prendre la parole, voire de la garder.

§19 - QUAND L'ENGAGEMENT MILITANT DEVIENT LE BÂILLON DU SALARIÉ

Le tabou de la rétribution du militantisme

Dans l'univers de l'engagement et du militantisme, le patron de gauche a plusieurs outils à sa disposition pour empêcher ses salarié·es de parler. Le premier est selon moi le tabou de la rétribution. Je reviens à l'étude de Daniel Gaxie : dans son analyse du mobile idéologique, il montre que la satisfaction tirée du fait de défendre ses idées est en soi un mode de rétribution. Mais il précise aussi que dans les organisations de gauche, c'est quasiment le seul mode de rétribution valorisé, autorisé et assumé. En effet, le fait que des militants souhaitent tirer de leur engagement une carrière professionnelle, un capital social et culturel et surtout une rétribution économique apparaît comme un détournement du militantisme. On doit militer pour des idées, pas pour avancer professionnellement et personnellement, et encore moins pour gagner de l'argent. Dans cette perspective, la rétribution idéologique est la seule à être attendue du militant. « C'est parce qu'ils participent à la vie de leur organisation sans pouvoir avouer ni s'avouer les rétributions qu'ils en retirent que les militants vivent leur adhésion et leur action comme un engagement politique désintéressé », explique Daniel Gaxie. Si le mobile idéologique tient une telle place dans les organisations politiques, c'est sans doute précisément parce qu'il est le seul mode de rétribution avoué par les organisations et leurs membres.

L'étude de Gaxie montre que la motivation des militants ne peut pas s'expliquer par le seul facteur idéologique : il parle aussi de rétributions matérielles et symboliques, formant un « ensemble de rétributions » qui permet « de conserver les adhérents et contribue par là au fonctionnement des organisations », poursuit-il. Or, ce qu'il décrit est un phénomène d'occultation, où les autres modes de rétribution doivent être tus au profit du seul mobile idéologique. Il ajoute : « En empêchant les adhérents de prendre conscience des intérêts qui sont au fondement de leur désintéressement, le sentiment de défendre une cause occulte donc les mécanismes d'échange sur lesquels repose l'existence des partis de masse[42] et contribue ainsi au fonctionnement de ces mécanismes. »

Chez les salarié·es d'organisations de gauche, la mobilisation du modèle militant participe à instaurer cette occultation de la rétribution autre qu'idéologique. Concrètement, il devient difficile, car gênant ou tabou, de parler de revendications salariales, de rétribution matérielle. Demander une meilleure rétribution du travail dans une organisation de gauche peut être vu comme un abus, ou un détournement du militantisme.

Le tabou du salariat militant

Un autre outil du patron de gauche est le tabou du salariat lui-même. Nous l'avons vu : le refus d'assumer la

42 Si Daniel Gaxie parle bien ici des partis politiques, son objet d'étude, il semble là encore qu'un parallèle peut être fait avec les organisations engagées.

réalité du salariat participe à empêcher les salarié·es d'exprimer des revendications, y compris quand il s'agit d'affirmer l'existence d'une relation salariale en opposition au récit affirmant qu'il ne s'agirait que d'une activité militante. Revendiquer revient à assumer l'existence d'une rétribution matérielle, une demande d'une meilleure rétribution et – du fait du caractère salarial de la relation – une réaffirmation des relations salarié-employeur au sein de la structure.

C'est ce double tabou – de la rétribution du militantisme et de l'existence d'une relation salariale – que nous avons brisé, mes collègues et moi, lorsque nous avons demandé une harmonisation de nos conditions de travail avec les autres cabinets d'élu. La réponse de notre employeuse a été claire: «Je suis l'employeur, si vous voulez des relations patron-salariés, vous allez les avoir.» Elle a réaffirmé son autorité. En présentant des demandes ou des revendications, on se constitue en groupe de salarié·es uni·es par ces demandes et uni·es face à l'employeur. Cette union marque une séparation voire une opposition avec ce dernier, rappelle ou clarifie les rapports.

C'est ce rappel de la réalité de notre relation qui a mis le feu aux poudres et a conduit mon ancienne employeuse à rendre sa gestion plus autoritaire. Elle est entrée dans le micro-management[43], demandant à être

43 Dans ce type de management, l'employeur effectue un contrôle pointilleux et continu de chaque étape du travail du·de la salarié·e. Il refuse de déléguer les décisions et de se limiter à donner des instructions générales.

mise en copie des mails qu'on envoyait chaque jour, que nous tenions un cahier mentionnant nos activités à chaque heure de la journée. Cette surveillance a nui à notre activité et à l'ambiance de travail : nous venions pour satisfaire la surveillance de notre patronne plus que pour travailler. Sont ensuite venues des sanctions, comme le refus de continuer à nous confier des projets de long terme. Puis le tout s'est conclu par une guerre des nerfs : l'employeuse refusait de nous accorder une rupture conventionnelle, et attendait que nous craquions.

Si, du point de vue de l'employeur, le fait de revendiquer peut-être considéré comme une trahison, du côté salarial on peut le voir comme une opération de démystification. Cette réaffirmation oblige l'employeur à assumer sa position de patron ; et, comme dans le cas de mon ancienne employeuse, les mesures qui suivent visent en partie à sanctionner cette démystification (« vous voulez des relations patron-salariés, vous allez les avoir »). C'est comme si l'employeur reprochait à l'employé d'avoir détruit la magie d'une relation de camaraderie, d'avoir rappelé la réalité de la relation en opposition à la romance d'une collaboration harmonieuse. C'est aussi comme si l'employeur considérait les relations amicales ou de camaraderie comme autant de cadeaux, de marques de gentillesse offertes aux salarié·es.

§20 - LE CONFLIT SALARIAL COMME GUERRE POLITIQUE

Quand les salarié·es s'expriment malgré tout, il arrive qu'ielles soient vu·es comme des ennemi·es de l'organisation et de son représentant, l'employeur. Il s'agit alors pour ce dernier de faire taire leurs revendications. Édouard, salarié d'un média, raconte la réaction de son directeur lorsqu'a surgi un conflit au travail :

> Le directeur s'est mis en mode « moine soldat » pour qui la cause prime tout le reste. Il a licencié le rédac chef pour faute grave, ce qui ne lui permettait pas de toucher ses indemnités chômage, et a rompu la discussion. Il a viré un collègue qui avait douze ans d'ancienneté (qui a depuis gagné aux prud'hommes)... Il voulait tuer ses opposants, c'étaient des « traîtres » à la cause. On n'était pas des salariés mécontents de nos conditions de travail, mais des traîtres… Pour eux, ce n'était pas un conflit du travail, un conflit social entre patron et salarié, mais une lutte pour le pouvoir…

Une fois qu'ielle a été catégorisé·e comme traître, tous les moyens sont bons contre le·la salarié·e revendicatif·ve, et l'employeur n'hésite pas à utiliser des méthodes illégales et peu éthiques.

Le conflit est alors considéré comme une guerre politique. Une fois encore, aussi bien dans les termes que dans les pratiques, la reprise du modèle militant sert d'outil de gestion du personnel. C'est ce qu'a vécu

Danièle, attachée d'un élu. Le conflit a découlé du non-respect des horaires de travail, qui a conduit à un arrêt maladie pour burn out d'une des salarié·es. Les salarié·es ont alors demandé l'organisation d'une réunion et, face au refus de l'employeur, sont passé·es par un courrier. L'employeur l'a très mal pris et a convoqué ses salarié·es dans son bureau.

> Il a dit que c'était une réunion d'équipe. Puis qu'il allait nous mater. Que l'organisation du travail relevait de lui et qu'il n'avait pas le temps pour « ces conneries de dialogue sur l'organisation du travail » et que « quand tes salariés te chient dans les bottes, tu dois les mater ». S'est ensuivie une stratégie de division des salarié·es. L'employeur a embauché deux nouvelles personnes en leur octroyant les droits demandés par les anciennes salariées, tout en enlevant à ces dernières leurs droits acquis sur les jours de récupération et les pauses repas. Il parlait de complot politique contre lui, disait qu'il savait répondre à ce genre d'attaques.

Dans cet exemple, le fait de considérer le rapport salarial comme un rapport militant favorise une vision politique ou politicienne du rapport au travail. La revendication d'un salarié est considérée comme une attaque politique, une tentative de complot. Cette perspective empêche une négociation salariale et la reconnaissance de manquements de l'employeur à ses obligations légales. Dans ce cas, il ne reste comme solution aux salarié·es que la pression légale – c'est-à-dire le retour sur le champ du droit du travail – et la menace de divulguer ce traitement à l'extérieur.

§21 - LE COMBLE DU PATRON DE GAUCHE : FAIRE TAIRE AU NOM DE L'ENGAGEMENT DE GAUCHE

C'est sans doute un autre comble du patron de gauche : parvenir à faire taire les demandes et les revendications des salarié·es à partir d'un discours « de gauche », par exemple sur les origines sociales et leur adéquation ou non à la cause. C'est ce qu'a vécu Maxime, journaliste, qui a travaillé pour un employeur connu pour son engagement à gauche. C'est précisément cet engagement qui servait à justifier le silence imposé à ses salarié·es :

> Il appelait tout le monde « sale bourge ». C'est un biais fréquent chez les patrons de gauche : selon que tel salarié est né dans une famille bourge ou prolo, ils vont jouer là-dessus. Mon chef, issu d'une famille pauvre, ressortait toujours que la presse était gangrénée par des fils de la bourgeoisie comme moi… Quand quelqu'un faisait quelque chose de pas assez bien ou quand on revendiquait quelque chose, on se faisait traiter de sale fils de bourge. Ça, c'est de la dynamite : nous, on utilise le journalisme comme une arme pour lutter contre notre propre classe, contre nos propres racines ; c'est un effort qui nous ronge, finalement c'est un grand écart qu'on fait. C'est déjà compliqué et lui, il lâche sa bombe.

> Quand c'est un fils de prolo en revanche, il le traite de traître à sa classe. Il joue tout le temps là-dessus. C'est une corde sensible dont le patron de gauche sait se servir. À titre personnel, ces attaques sur mes origines sociales ont été désastreuses.

Quentin, chercheur ayant travaillé pour un employeur connu pour son engagement, partage un vécu similaire. Lorsque Quentin et ses collègues évoquaient avec lui des problèmes au travail, leur employeur redirigeait la conversation sur des considérations générales. « Il mettait tout de côté et répondait très théoriquement sur le capitaliste. Son discours c'était : le capitalisme c'est la mort, notre projet est une alternative, une porte de sortie de tout ça. Il justifiait la précarité de notre travail par le fait qu'il s'agissait d'un travail militant, un engagement. »

Ce comportement peut se résumer en un syllogisme assez simple : l'organisation lutte contre le système capitaliste, le système capitaliste est le vrai problème, il n'y a donc pas de vrai problème dans l'organisation. Comme on l'a vu précédemment, le caractère « de gauche » d'une organisation conduit parfois à brandir l'étendard d'une pureté idéologique, politique ou sociale. Toutefois, ici, le romantisme de gauche ne sert pas seulement à masquer ou à justifier de mauvaises conditions de travail, mais bien concrètement à imposer le silence et l'obéissance aux salarié·es.

Ainsi, la réalité du travail du salarié est niée à deux niveaux : d'une part, avec l'idée qu'il ne s'agit pas d'un travail, mais d'un engagement personnel ; d'autre part, du fait de l'enjeu politique de ce travail, où peu importent les conditions de travail puisque tout ce qui compte est son objet.

§22 - LE RETOUR DU PATRON DE GAUCHE

Le conflit au travail est souvent un moment révélateur des dynamiques et des enjeux dans le collectif de travail. La plupart des témoignages montrent que les conflits se traduisent par une (ré)affirmation de la figure de l'employeur. Le patron de gauche est alors bien moins timide qu'avant dans sa position d'employeur et n'hésite plus à remettre en cause ses rapports amicaux, de camaraderie ou de sympathie avec ses salarié·es : l'objectif est de régler, voire de gagner le conflit. Le conflit au travail marque le grand retour de la figure du patron.

Ce phénomène est décrit par Yvan, stagiaire dans une association d'aide à l'accès aux droits :

> Mon employeur ne se voyait pas comme un employeur. Publiquement, il n'employait pas le titre de président d'association, il se disait porte-parole avec cette volonté de se mettre en arrière. Il se voyait plus comme un mec qui a participé au projet et était à sa tête, et voilà. Et je pense que mes autres collègues, qui sont restés plus de quatre ans, sont gagnés à la cause et ne considèrent pas ça comme un travail : c'est plus, c'est un engagement militant, une manière de gagner sa place au paradis.

Quand je suis parti, on a eu un conflit. Pôle emploi m'a dit qu'il me manquait quatre heures, alors que j'avais fait des heures sup à n'en plus finir. Je parlais avec le trésorier, mais ça traînait. Il m'avait juré avant que je parte que je pourrais le contacter en cas de souci. J'écrivais des messages très posés, « c'est difficile pour moi, ça serait cool que vous m'aidiez, je vous en serais reconnaissant », je ne le pensais pas mais j'essayais d'être sympa. J'ai attendu deux mois, puis j'ai envoyé un message tous les trois jours. Au bout d'un moment, le trésorier m'a dit « c'est difficile pour toi mais c'est difficile pour nous aussi » : là, j'étais sidéré. J'ai encore laissé passer du temps puis j'en ai eu marre, j'ai envoyé un message avec le nombre d'heures que j'avais vraiment effectuées en menaçant de contacter l'inspection du travail si ce n'était pas réglé en 48 heures. Là, c'est le boss qui m'a répondu, avec un message du genre « tu aurais dû m'appeler au lieu de tourner dans ton bocal » pour finir par « pour moi, tu es un mec loyal ». Et là, c'est encore une fois une situation compliquée, parce que le mec est sympa, on se voit en manif, la cause est juste. Ce terme « loyal » m'a beaucoup touché parce qu'il m'a pris par les sentiments. Puis je l'ai eu au téléphone, et il m'a dit que lui et l'organisation l'avaient mal pris, j'ai répondu que moi aussi, que je me sentais trahi. Et là est venue la réponse du chef : « Tu aurais pu faire autrement, là si tu veux continuer là-dedans, ça sera difficile, tu devrais te réorienter. » Il m'a menacé avec sa notoriété. Et de fait, il y a tout un

> réseau d'organisations de ce type : associations, syndicats etc., où tout le monde se connaît. Si tu te grilles avec l'un d'eux, tu es grillé partout.

Cet exemple illustre la facilité de l'employeur de gauche à mobiliser différentes figures. Avant un conflit, il gère son organisation comme un camarade, un membre parmi d'autres dont les responsabilités supplémentaires et administratives sont presque accidentelles. Lorsque le conflit surgit, l'employeur commence par jouer sur la fibre militante. Puis la figure de l'employeur revient, avec toutes les prérogatives qu'elle suppose : menace sur les conditions de travail ou de départ, menace à l'emploi et même menace de discréditer le salarié auprès d'autres employeurs. L'employeur tombe le masque et assume pleinement son rôle : celui qui décide qui embaucher et qui licencier, celui qui peut utiliser sa position pour influencer le choix d'autres employeurs. L'employeur mobilise ainsi différents modèles de relation avec ses salarié·es en fonction de la situation et de ses objectifs.

§23 - DEVENIR SYNDICALISTE MALGRÉ SOI

Devenu syndicaliste par la force des choses et très engagé dans son métier, Étienne, salarié dans la culture, a encaissé des abus de la part de sa directrice jusqu'à la « goutte de trop » qui a conduit à un licenciement abusif et une dépression. La directrice lui a alors reproché à lui et à ses collègues une « attitude insupportable de syndicalistes » et a justifié son licenciement par une « tentative d'autogestion collective de l'association », comme le mentionne la lettre de licenciement. Il me raconte la lutte qu'il a menée et mène encore avec ses collègues. Ce conflit s'est poursuivi dans les tribunaux et se prolonge encore aujourd'hui, en cassation, presque dix ans après les faits.

> Je travaille pour un festival. On est une petite équipe, moins de dix salariés. C'est un contexte très politique, le festival a un gros budget avec des contacts dans le monde politique en France et à l'international. Malgré un important financement public, la logique de recrutement privilégie des salariés mal payés et surtout des jeunes en début de carrière. Ils cherchent des gens très engagés politiquement, qui donnent du sens à leur métier. Le management est sauvage, des salariés qui ne comptent pas leurs heures, des coups de pression quotidiens, une directrice avec des sautes d'humeur permanentes, un rapport de force constant mêlé à de l'affectif aussi bien avec les équipes qu'avec les artistes. En même temps, la directrice se fait passer pour généreuse, une « maman chat » qui organise des fêtes en fin de festival, avec des huîtres et du fromage, dans une ambiance de partage et de sincérité. C'était un délire complet...
>
> Au quotidien, on s'habitue à voir les gens partir. Chaque tentative de représentation du personnel est bloquée. On demande chaque année une réunion de bilan, à chaque fois refusée. Une année,

> on renouvelle notre demande en précisant qu'on veut parler des conditions de travail. La directrice pète un plomb et là, tout craque. Je suis licencié en quatre mois et la directrice durcit les conditions de travail.

Dans un communiqué envoyé aux financeurs, des responsables publics, les salarié·es résument ces mesures prises en réponse à leur demande de réunion :

> - réaffirmation d'une autorité et d'une reprise en main revendiquée par la direction, en réaction à ce qui a été considéré comme « un laisser-aller et un mauvais état d'esprit de l'équipe »
> - nouvelles charges de travail soudaines et nouvelles procédures, très contraignantes
> - entretien d'un rapport de force et d'intimidation humiliant et individualisé (instabilité des décisions et consignes, multiplication des demandes de dernière minute, tentatives de divisions au sein de l'équipe, alternance du tutoiement et du vouvoiement, insinuation d'incompétence des salariés)
> - « chantage » aux RTT malgré l'explosion du temps de travail sans aucun cadre
> - interdiction formelle et insistante de « parler à l'extérieur de ce qui se passe à l'intérieur [du festival] »

Étienne n'a pas d'*a priori* sur l'engagement syndical, mais n'a jamais franchi le pas de l'adhésion à un syndicat. Le contexte culturel et militant de son travail le poussait à agir en dehors des canaux officiels de règlement des conflits au travail. Face à l'attitude de sa directrice, l'action collective dans un cadre syndical devient pour lui une évidence :

> C'est au cours du conflit que je rejoins un syndicat. Normalement, partout ailleurs, il y a un administrateur qui freine l'ego de la direction et assure le respect du droit du travail, mais là, ce n'était pas le cas.
>
> La réunion, on ne l'aura jamais. La directrice repousse toujours en disant qu'elle a plus important à faire. Nous, on accumule les preuves. Plus tard, deux collègues démissionnent car la violence est trop grande. Elle chuchotait des choses devant la photocopieuse, elle menaçait : « Je vais te dégommer. » Quelques mois plus tard, elle me convoque et me dit : « Je n'ai plus confiance en vous. Il n'y aura plus un responsable, mais trois coresponsables. » Un petit loquet se débloque en moi. Je ne vais pas bien, je tombe dans mon bureau, je pleure. Je vais voir mon médecin. Je fais six semaines de dépression. Ça a été ma seule et unique dépression, je m'en souviens. J'ai vu un spécialiste des pathologies professionnelles qui m'a fait déconstruire tout mon rapport au travail, tout ce que j'avais pu accepter de fou.

Commence alors la bataille au tribunal. Après avoir quitté la structure, sept ex-salarié·es saisissent le conseil des Prud'hommes. Le licenciement d'Étienne est reconnu comme abusif et il obtient le règlement de 1 300 heures supplémentaires, mais le harcèlement moral n'est pas reconnu. Les demandes des autres salarié·es sont refusées. Tous font alors appel des décisions. Dans le cas d'une salariée, la cour d'appel reconnaît la « dimension systémique » de la souffrance au travail. Les juges décident que sa démission équivaut à un licenciement abusif et reconnaissent qu'elle a été victime de harcèlement moral. La stratégie de la direction est alors de demander des reports et de faire appel des décisions en faveur des salarié·es.

Certaines décisions ont conduit à la victoire de salarié·es, d'autres sont encore en attente. La lutte syndicale et juridique a porté ses fruits. De son côté, Étienne a mis en place différentes stratégies pour se reconstruire.

> Ma manière à moi de sortir de ça est passée par plusieurs actions. D'abord, j'ai fait en sorte de m'assurer que mon milieu professionnel reconnaisse mon taff. Aujourd'hui, je suis bien dans ma vie et dans mon travail.
>
> Une autre conséquence de cette histoire est que j'ai mené des projets artistiques sur les burn out, notamment avec des professionnels de la santé au travail. Je me suis aussi engagé dans la vie des entreprises pour les salariés. Je suis représentant du personnel et je lutte pour répondre à l'arbitraire vertical du monde salarié en faisant de l'horizontalité. Avec les salariés encore en poste dans le festival, mon attitude est du type « assistance à

> personne en danger », je leur donne des conseils, je les accompagne, on se fait mutuellement des attestations.

§24 - « PAS DE PATRONAT, PAS DE SYNDICAT » : LA MAUVAISE BLAGUE DE L'ANTISYNDICALISME DE GAUCHE

Dès lors qu'un employeur engagé nie sa position d'employeur et la réalité du rapport salarial, il n'est pas rare de le voir refuser toute initiative questionnant ou limitant son pouvoir. C'est l'idée qu'il n'y a pas de rapport de subordination, pas de conflictualité ni de pouvoir, donc qu'il ne doit pas y avoir de contre-pouvoir. C'est ce qu'a pu expérimenter Maxime, journaliste dans un média engagé :

> J'aimais ce poste, mais il y avait des points négatifs : pas de limite horaire, les salaires versés en retard, de grandes inégalités de salaires, des burn out dans l'équipe et des retards dans la signature des contrats de travail... On parlait de ça avec des collègues et l'idée d'une section syndicale est apparue dans la discussion. Je n'avais pas d'expérience syndicale, mais on a considéré que je pouvais devenir représentant des salariés. J'avais assez peur, je m'étais fait licencier de mon ancien travail pour avoir « conspiré » contre le patron. Quelques jours plus tard, la réunion a fuité auprès de la direction. Je me suis fait convoquer par la patronne.

> L'entretien était clair, elle voulait me virer. Elle m'a dit que je manipulais l'équipe, que je la montais contre elle, que je lui faisais des coups dans le dos. Sa position : « Il n'y a pas besoin de syndicat, parce qu'il n'y a pas de patron. » Mon contrat venait d'être signé alors que je travaillais là depuis plusieurs mois déjà. Elle s'est servi de ça pour rompre mon contrat, encore en période d'essai. Je lui ai dit que c'était contraire au droit du travail, sa conclusion : « Il y a pas de syndicat ici. » Ça a mal fini, on a essayé de me faire sortir de force, je suis parti en criant : « Vous me dégagez parce que j'ai imaginé une section syndicale, vous êtes pires que le CAC 40 ! » Par la suite, la direction a sorti un communiqué disant que j'avais foutu la merde.

Ce témoignage illustre un cas grave d'entrave à la liberté syndicale et au droit de la représentation du personnel, ce qui est une infraction pénale.

L'ENTRAVE À LA LIBERTÉ SYNDICALE

Porter atteinte à l'exercice du droit syndical est constitutif du délit d'entrave, puni d'un emprisonnement d'un an et d'une amende de 3 750 euros.

Sur le plan civil (conseil de prud'hommes), toute mesure répressive prise en raison de l'activité ou de l'appartenance syndicale peut être considérée comme abusive et donner lieu à des dommages-intérêts en réparation du préjudice subi.

Sur le plan pénal (tribunal correctionnel), deux catégories de sanctions doivent être distinguées en fonction du type de discrimination :

★ celles résultant du Code du travail (prise en considération de l'appartenance ou de l'activité syndicale d'un·e salarié·e en ce qui concerne notamment l'embauche, la conduite et la répartition du travail, la formation professionnelle, l'avancement, la rémunération et l'octroi d'avantages sociaux, les mesures disciplinaires et la rupture du contrat de travail, ainsi que différence de traitement entre les organisations syndicales) : amende de 3 750 euros et récidive punie d'un emprisonnement d'un an et d'une amende de 7 500 euros ;

★ celles prévues par le Code pénal (refus d'embaucher, d'octroyer une formation, sanctionner, licencier un salarié en raison d'activités syndicales) : amende de 45 000 euros et trois ans d'emprisonnement.

L'antisyndicalisme n'est pas l'apanage des multinationales jouant sur les différences de législation entre les pays. Cette « impossible syndicalisation[44] » dont parlent les sociologues dans les pays dits du « Sud » se retrouve

44 Voir Quentin Delpech, « L'impossible syndicalisation. Mobilisations syndicales et répressions dans les zones franches d'exportation du Guatemala (1990-2010) », *IdeAs* 5 [en ligne], printemps-été 2015, www.journals.openedition.org/ideas/983 ; www.doi.org/10.4000/ideas.983.

également en France, dans des organisations au discours très engagé et qui se spécialisent souvent dans la mise en avant des luttes sociales et syndicales – tant qu'elles sont extérieures aux actions des salarié·es de leur organisation.

Ces infractions sont sans doute le résultat le plus clair de la négation de la réalité du rapport salarial dans une organisation engagée : l'organisation sert les intérêts supérieurs des travailleur·ses, elle se considère donc supérieure au système actuel, y compris aux normes du droit du travail. Salarié d'un élu et syndicaliste, Pierre parle d'un paradoxe dans ces organisations face à l'action syndicale en leur sein :

> Mon engagement syndical, je l'ai fait sans rien demander à mon employeur. On s'entend assez bien mais sur ce point, je vois que mon engagement le fait profondément chier. Il est partagé entre ses valeurs politiques et le fait que c'est mon patron, me voir partir pour une réunion syndicale ou faire des heures de délégation le titille. C'est une difficulté commune aux petites structures de gauche. En tant que syndicaliste, le problème pour moi c'est que tout le monde en chie dans son coin. Personne ne sait à qui parler, à qui faire confiance, parce que tout est politique. Tout ce que tu peux dire va potentiellement être utilisé contre ton employeur et donc indirectement contre toi. Pour le dire autrement, tout se politise, tout est surpolitisé et en même temps ça produit une sous-politisation du quotidien.

§25 - UNE SOLUTION : L'AUTO-ORGANISATION

Tout en suscitant les foudres de l'employeur, les revendications et les demandes des salarié·es clarifient les rapports et les relations en cours dans l'organisation. Si la peur de représailles inhibe bien des tentatives de revendication et d'organisation des salarié·es, l'explicitation des conflits permet souvent de constituer un rapport de force favorable à ces dernier·es.

Doctorante et salariée dans une association spécialisée dans l'environnement, Hélène se partage entre sa thèse et l'association. À la difficulté de trouver un équilibre entre activité salariée et activité militante s'ajoute ici la nécessité de distinguer le temps consacré à chacune, puisqu'elles se recoupent. Très vite, ses employeurs exercent une pression sur les horaires : s'enchaînent alors les entretiens, les critiques, les reproches sur un prétendu manque de productivité. Hélène et ses collègues vivent sous le régime d'un « management par la dévalorisation » en plus d'entorses importantes au droit du travail (contrats de travail signés en retard, heures supplémentaires non déclarées…). Le manque de reconnaissance atteint un niveau intolérable pour Hélène ; elle est placardisée, son bureau est déplacé et l'ancien confié à des stagiaires fraîchement arrivés. Les meilleurs moments qu'elle aura vécus à ce poste ont été les derniers, lorsqu'elle a pu imposer ses droits face à ses employeurs. On lui a alors rétorqué : « C'est quoi ces mails où tu énumères les faits et tes droits, on dirait une syndicaliste ? Ça montre que tu n'as pas confiance en nous, si on a monté une petite boîte, c'est pour avoir des rapports de confiance avec les salariés.» Elle livre l'analyse suivante :

> Quand j'ai agi comme une syndicaliste, quand j'ai rappelé tous les faits, on m'a finalement foutu la paix… Alors, je me suis demandé : comment j'ai pu autant me laisser faire ? Après, ça s'est amélioré aussi pour les autres salariés. J'ai commencé à parler à mes collègues. Ça a été dur pour tout le monde, car on est une équipe de jeunes qui ont peu d'expérience de l'organisation, notre parole est vite délégitimée… Le temps de dépasser les tabous, on a mis deux ans à se dire qu'on travaillait trop.

Dans le théâtre où travaillent Margaux et Amélie, la grève a également constitué un moment décisif. De son côté, Étienne a trouvé dans l'engagement syndical et revendicatif un moyen de sortir d'un contexte de travail nocif tout autant qu'une réponse aux souffrances vécues.

Dans l'ensemble des témoignages que j'ai pu récolter, l'action revendicative a reçu une réponse forte de l'employeur : il tente de faire taire, d'isoler ou de licencier, en tout cas de réaffirmer son autorité. Bien souvent, cette action a conduit au départ du·de la salarié·e, présenté et vécu comme une nécessité. La revendication apparaît alors ici comme un moment de prise de conscience de la réalité des rapports au travail et des souffrances vécues, ainsi que d'un point de non-retour : il n'est plus possible d'accepter l'inacceptable, le récit du patron de gauche ne suffit plus. On se demande comment on a pu autant se laisser faire : on l'a vu, les raisons sont complexes et multiples. Difficile également de savoir ce qui conduit un·e salarié·e à sortir du silence malgré toutes les raisons de se taire.

Quoi qu'il en soit, dans leur grande majorité, les récits qu'on m'a faits étaient au passé. Les salarié·es d'organisation de gauche témoignent une fois qu'ielles ont pu en sortir. La sortie est-elle la seule solution aux problèmes posés par le patron de gauche ? Répondre positivement serait trop facile et peu réaliste. Je formule à l'inverse une hypothèse : la sortie du·de la salarié·e – démission souvent forcée ou licenciement – est le signe de l'absence d'espace de résolution des conflits et d'expression des revendications des salarié·es dans ces organisations. Pour tenter d'y voir plus clair, j'en parle avec Liliane, membre d'un syndicat, qui me parle de la gestion des salarié·es dans son syndicat. Elle évoque en premier lieu la question des violences sexistes et sexuelles et de la façon dont on peut y réagir dans le cadre du travail.

> On a proposé un plan d'action sur les violences. Notre objectif est que les femmes soient protégées et qu'elles ne soient pas obligées de partir lorsqu'elles subissent des violences sexistes et sexuelles. Cela passe par la production d'un matériel important comme des brochures, des formations pour les membres et pour les formateurs, par le fait de poser cet enjeu lors des rencontres nationales et de faire un suivi du plan d'action, avec un réseau de commissions féministes. Ça passe aussi par une réelle prise en compte de la parole des victimes.

En s'inspirant de la lutte féministe, on peut faire l'hypothèse que les deux leviers que sont les outils de prévention des violences et les espaces d'expression peuvent servir pour d'autres types de violences au travail, qui relèvent d'autres systèmes d'oppression, ainsi que les violences issues du travail salarié en tant que tel. Les oppressions se mettent en œuvre dans le croisement de différentes violences : les outils de prévention et d'expression des violences sont à penser elles aussi dans l'intersectionnalité des modes d'oppression. Liliane poursuit alors sa réflexion sur l'importance des espaces d'expression des conflits et des violences : « L'essentiel, c'est de savoir qui prend les décisions, de voir quel est l'espace pour l'exprimer quand il y a un souci. Quand il y a des discussions, des réunions de travail informelles avec les salariés, il est important qu'ils puissent s'exprimer et revendiquer. Si on crée des espaces où on parle des problèmes, ça permet de les prendre en compte. »

Liliane invite alors à développer des espaces de questionnement, de dénonciation et de lutte face au pouvoir de l'employeur – des espaces de contre-pouvoir. Des garde-fous au pouvoir de l'employeur.

Rien de nouveau sous le soleil : le salariat appelle une auto-organisation des travailleurs pour que leurs droits sociaux soient respectés. Le syndicalisme est un outil privilégié de l'auto-organisation.

Rien de nouveau sous le soleil, certes, mais face aux discours et aux pratiques des patrons de gauche, cette évidence semble nécessiter une démonstration.

CHAPITRE 5

LA GAUCHE AU POUVOIR… D'EMPLOYEUR

§26 - LA CONSTRUCTION D'UTOPIES : LE PRINCIPAL ÉCHEC DE LA GAUCHE ?

À l'origine de cette enquête, il y a une déception. Comme les salarié·es que j'ai rencontré·es, j'ai pu constater à travers mon expérience que la gauche ne tenait pas ses promesses. Les organisations de gauche pourraient utiliser leurs propres structures pour aborder autrement le travail, mettre en pratique un autre modèle, expérimenter ce qu'elles promeuvent dans leurs discours et pour le reste de la société. Il est souvent question de la prise du pouvoir, de ce que la gauche ferait si elle était à la tête du pays. Or, elle a déjà du pouvoir, dans ses organisations, sur ses membres et plus précisément sur ses salarié·es. Là encore se posent des questions trop souvent ignorées : comment construire des relations de travail sans subordination ? Comment gérer les rapports de pouvoir au sein d'une organisation ? Comment enrayer les dominations de race, de genre, de classe au travail ?

Force est de constater que l'essentiel de ces organisations ne fait pas du salariat en interne un enjeu de lutte et d'expérimentation. Chacune de ces organisations pourrait pourtant constituer un espace de production d'utopies concrètes et jouer un rôle déterminant pour lutter contre le système capitaliste. La juriste et militante Laurence Meyer a travaillé sur l'importance des espaces utopiques pour les minorités marginalisées[45]. Elle explique que l'utopie est une nécessité pour des communautés de personnes faisant l'expérience de la minorité : la société impose un modèle dominant qui opprime et exclut les personnes auxquelles elle impose un stigmate. Dans ce contexte, l'utopie représente une alternative – un espace, une culture commune, des moments – qui rend concrète une autre façon de fonctionner, un autre modèle de relation entre les individus, une inversion des normes et une valorisation du·de la stigmatisé·e. En s'appuyant sur les travaux de José Esteban Muñoz, Meyer précise que ces utopies s'intéressent souvent à l'esthétique et notamment à la définition du beau en ce qu'elle représente un enjeu majeur pour les corps marginalisés. Transposé dans le cadre des organisations engagées, l'enjeu serait alors – sans rien nier de la réalité du modèle salarial, de son cadre normatif ni des oppressions systémiques qui y existent – de chercher à rendre concrets des éléments que l'on

45 Laurence Meyer, « Utopies de la marge. Où vont nos espoirs ? », *Assiégées*, n° 4, septembre 2020.

relègue habituellement à l'idéal révolutionnaire. Or, les organisations engagées sont souvent considérées comme un refuge par des salarié·es lessivé·es par le monde du travail traditionnel. Ces personnes arrivent avec l'envie de travailler pour une cause juste, dans un autre cadre, avec d'autres conditions de travail. Ce premier élan, utopique, est à défendre et à valoriser. Il invite à faire des organisations engagées des espaces de refuge du travail classique, du salariat traditionnel, autant que faire se peut (sur la question des limites économiques, voir §34).

Appliquer une perspective utopique au travail dans les organisations de gauche reviendrait tout d'abord à assumer que la lutte contre l'oppression au travail n'est pas un idéal abstrait aux enjeux si grands qu'ils ne pourraient s'appliquer à la petite échelle d'une organisation. Ensuite, cette perspective invite à assumer qu'il est possible d'expérimenter des modèles ou des dispositifs alternatifs au sein de nos espaces ou organisations, d'évincer l'argument selon lequel « c'est systémique, c'est trop compliqué » et de s'y mettre : dans notre organisation, là, maintenant, entre nous, que pouvons-nous mettre en place ? Cela n'implique en aucun cas un abandon d'une réflexion systémique, mais invite bien au contraire à faire un détour réflexif par nos organisations, par l'utopie concrète, pour mieux penser les enjeux systémiques. En somme, il s'agit ici de faire de l'utopie une exigence d'expérimentation de modèles alternatifs, d'exemplarité au sens d'une capacité à illustrer dans les faits les propos et les valeurs défendues.

§27 - QUAND LA GAUCHE BOUDE LA QUESTION DU TRAVAIL

Dès le début de mon enquête, un constat s'est imposé : l'analyse des conditions dans lesquelles vivent leurs salarié·es n'est pas une priorité pour les organisations de gauche. Il est très difficile de trouver une publication, une ligne programmatique ou une réunion sur ces thématiques ; et je n'ai encore jamais vu une organisation mettre à profit sa gestion en interne pour illustrer une proposition politique à destination du reste de la société. Pourquoi la gauche analyse-t-elle si peu sa position d'employeur et la question du salariat ? J'en parle avec l'économiste et statisticien Thomas Coutrot, qui m'explique qu'il n'en a pas toujours été ainsi.

> La réflexion sur la perspective de l'abolition du salariat était encore défendue par le syndicalisme jusqu'il y a peu. C'est à la fin de la Première Guerre mondiale qu'on note un abandon de cette perspective. Au début du mouvement ouvrier, il y avait un refus viscéral de la subordination, du devoir d'obéissance, c'était très mal vécu par les ouvriers notamment les plus qualifiés. Le taylorisme met un terme à l'amour du métier ; tandis que le fordisme, avec sa promesse de hausses de salaires, fait accepter la subordination. On a fini par oublier que ce n'est ni habituel, ni naturel de répondre aux ordres d'un chef pendant huit heures. On a fini par ne plus se rendre compte de la contradiction entre l'aspiration à la liberté et la subordination salariale.

> Ça a cessé d'être un problème. La subordination s'est installée dans les têtes.

Dans son livre *Libérer le travail...*[46], Thomas Coutrot explique : « Communistes, sociaux-démocrates, libertaires, nous avons tous échoué, de façons certes différentes mais pour au moins une raison commune : avoir cru qu'on pouvait changer la politique sans changer le travail. »

Pour lui, en mettant de côté la réflexion sur le travail salarié en général, la gauche a également laissé de côté la question du rapport salarial en son sein. Pourtant, la gauche est concernée par la question du salariat aussi bien indirectement, en tant que sujet de société, que directement, puisqu'elle joue un rôle d'employeur. En parlant d'un impensé, on perd de vue cet état de fait. Plus qu'impensée, la question salariale m'apparaît comme niée, déguisée, tue. Il me semblerait plus approprié de parler d'un tabou, d'un interdit, d'un sujet sur lequel on fait silence par crainte ou par pudeur.

Parler du salariat dans la gauche reviendrait à assumer les liens de subordination qui existent dans les organisations. Cela reviendrait à dire qu'au sein d'une organisation, le pouvoir est organisé et réparti de façon hiérarchique avec des dominants et des dominés. Cela reviendrait également à dire que les systèmes d'oppression en cours dans la société – privilège blanc, rapports de classes, domination masculine ou encore hétéronormativité – se reproduisent au sein même de l'organisation dite engagée. De fait, la condamnation de

46 *Op. cit.*

réunions en non-mixité racisée[47] illustre ce refus fréquent d'envisager un discours critique sur les dominations qui se reproduisent dans ces mêmes organisations – et la subordination salariale n'y fait pas exception.

Enfin, un autre élément d'explication de ce phénomène réside sans doute dans la difficulté à imaginer des alternatives. Thomas Coutrot le formule ainsi : « Aucun courant significatif du socialisme du xxe siècle n'a su imaginer ni expérimenter des formes réellement émancipatrices de travail. » On en arrive à un vrai paradoxe : « c'est plutôt du côté patronal que s'est exprimé un réel intérêt pour la liberté du travail », conclut-il. « Entreprise libérée », management et bonheur au travail, le camp patronal semble avoir largement investi la question délaissée par le camp progressiste. En boudant la question salariale, la gauche a laissé libre champ aux patrons des plus grandes entreprises[48] pour réfléchir et définir ce que devrait être le salariat actuellement et à l'avenir.

47 Différent·es répresentant·es du Parti communiste français et du Parti socialiste ont condamné l'organisation de réunions en non-mixité racisée au sein du syndicat étudiant l'Unef (www.franceinter.fr/politique/reunion-non-mixtes-de-l-unef-a-gauche-qui-dit-quoi). Il est à noter que sur ce même sujet, le syndicat Sud éducation 93 a gagné au tribunal à la suite d'une plainte déposée par des parlementaires des Républicains : le tribunal a reconnu que les réunions en non-mixité racisée n'étaient pas discriminatoires ni contraires aux valeurs d'égalité et de fraternité. On peut également citer le cas du cycle de conférences pour le Mois décolonial à Grenoble en juin 2021, qui avait fait polémique au point de conduire la municipalité à s'en désolidariser.

48 Voir Julien Granata, Annabelle Jaouen, *Management libéré. 7 entreprises dévoilent leurs méthodes : agilité, performance durable et antifragilité*, Dunod, 2021.

§28 - REPENSER L'ENGAGEMENT MILITANT POUR MIEUX PENSER LE TRAVAIL À GAUCHE

Le constat fait au début de cette enquête sur le manque de réflexion sur le salariat interne aux organisations de gauche peut s'étendre à celui d'une relative absence de réflexion sur les conditions de production de l'engagement, c'est-à-dire de l'engagement comme une activité productive, une forme de travail. Les tentatives qui existent sont encore rares et trop peu visibles ; elles posent de plus la question de la diffusion de ces réflexions ou de la mise en commun, avec d'autres organisations, des questionnements et solutions possibles. C'est comme si l'analyse politique commençait et s'arrêtait aux portes de l'organisation de gauche. On peut alors se demander pourquoi il existe un tel écart entre les enjeux internes et externes d'une organisation, entre la cause et les conditions de production pour ladite cause. Pourquoi la gestion en interne de l'activité militante n'est-elle pas un objet de réflexion politique de l'organisation de gauche ?

Je propose de changer de perspective : ne plus se focaliser uniquement sur le travail salarié pour ensuite repenser l'engagement militant, mais permettre aussi la réflexion inverse, à savoir repenser l'engagement militant pour repenser le travail en contexte militant. Passer par l'engagement pour mieux comprendre le salariat engagé.

§29 - PENSER LES CONDITIONS DE PRODUCTION DU TRAVAIL MILITANT

En définissant le travail comme une activité productive, il est possible de s'intéresser aux conditions de production de ce travail, au-delà du seul cas des travailleur·euses salarié·es. En réfléchissant aux conditions de production de l'activité militante, on réfléchit à leur impact sur les membres de l'organisation et à ce qu'elles disent de l'organisation et de son engagement.

La cause au service des militant·es, une absurdité ?

Il ne s'agit pas de simplement limiter ou encadrer la réflexion politique sur les possibilités de l'organisation, mais d'inclure les conditions de production de l'engagement dans la réflexion sur l'organisation elle-même. Faire redescendre l'idéologie, la cause idéologique au niveau des possibilités concrètes d'une organisation. L'organisation n'a pas les moyens de mener une nouvelle campagne, de couvrir un nouveau secteur, de mener une nouvelle action ? Alors on se limite, voire on ne se lance pas. Plus qu'un changement de paradigme, il s'agirait d'un rééquilibrage. La cause ne peut pas se penser indépendamment, de façon autonome et comme étant première par rapport à l'action. La théorie doit se penser dans ses possibilités concrètes et pratiques. Ce rééquilibrage n'est pas évident : l'éthos militant et l'importance de l'idéologie dans les organisations conduisent à tout sacrifier. Et les conséquences de ce rééquilibrage sont assez lourdes puisqu'il s'agit d'assumer de ne pas mener telle action ou activité que l'on estime pourtant essentielle à la lutte et, ce, au nom du respect des limites matérielles et humaines de l'organisation. Bien sûr, ce rééquilibrage connaît lui-même des limites, économiques ou juridiques (§34), qu'il s'agisse de l'action militante ou de toute autre organisation de gauche en général. Il s'agit d'affirmer qu'un manque de moyens doit se traduire par une remise en cause du projet initial plutôt que par une pression accrue sur les membres de l'organisation. Ce n'est pas à la force de travail de s'adapter au projet, mais au projet de s'adapter à la force de travail. Ce pari est d'autant plus compliqué dans le cas d'organisations intervenant dans des contextes de précarité, de violence, de dépendance : dans ce contexte, affirmer qu'il faut arrêter un projet par faute de moyens semble sinon irresponsable, du moins peu réalisable. Pourtant, il me semble important d'affirmer qu'il n'y a pas de fatalité dans l'exploitation pour la cause ou au nom de la pression économique. Qu'il est possible d'en parler, de trouver des dispositifs et des améliorations, et de refuser un projet par manque de moyens. Qu'il est possible, aussi, de rappeler à l'État sa responsabilité, notamment dans le cas du secteur associatif qui se retrouve en position de sous-traitant. En somme, il s'agit de sortir de la distinction entre le discours et la pratique militante, entre le logos et l'éthos (§11). Faire de la pratique militante un enjeu de la réflexion et du discours militant ; limiter le discours militant aux possibilités de la pratique militante ; réconcilier le logos et l'éthos militant.

Le bien-être des militant·es, une responsabilité de l'organisation

Il s'agit alors de faire du bien-être des militants des organisations de gauche un élément à part entière de la réflexion politique et stratégique des organisations, notamment en prenant au sérieux la rétribution matérielle et symbolique. Plus largement, il s'agit de remettre en cause, voire de combattre l'éthos militant d'un engagement dévoué et désintéressé, dont les exigences et critères excluent en reprenant des éléments relevant du classisme, du sexisme, du racisme, de l'homophobie et du validisme. L'alternative consisterait alors à ce qu'Ivan, salarié d'une association d'aide à l'accès aux droits, appelle une « responsabilité collective » de l'engagement. En ce sens, l'organisation et le collectif se considèrent comme responsables de la nécessité de limiter l'activisme de chacun·e pour éviter une surcharge de travail, s'assurer de leur bien-être, prévenir les risques de stress, de harcèlement sexuel et moral, de discrimination…

On glisse ici du militantisme au modèle salarial. Reprenons le fil dans l'autre sens et allons du salariat au militantisme. Le salariat peut alors servir de modèle en instaurant une responsabilité de la part de l'organisation envers l'ensemble de ses militant·es, pensée sur le modèle de la responsabilité de l'employeur. Il s'agit de saisir la logique de garde-fous du modèle salarial et de l'appliquer à l'ensemble des activités engagées, salariées ou non. En ce sens, l'organisation de gauche doit se responsabiliser sur les conditions de travail de ses membres, prévenir les risques (santé mentale et physique, discrimination, sécurité, etc.), comme un employeur doit le faire dans son entreprise. Là encore, c'est un pari osé. Il s'agit de dire aux organisations de gauche qu'elles ont des choses à apprendre du modèle salarial, des obligations légales, de la responsabilité du patron dans son entreprise. J'assume le pari et la proposition : l'organisation de gauche a une responsabilité sur l'activité de l'ensemble de ses membres. Celle-ci doit faire l'objet d'une réflexion sur la gestion, la stratégie et la politique. Elle doit être l'objet d'échanges entre l'organisation et ses membres, de mesures de prévention, d'expérimentations et de bilans. Et j'assume ce pari précisément parce qu'il me semble que pour transformer le travail salarié dans les organisations engagées, il faut également transformer les activités militantes de ces organisations. Si le parallèle avec le modèle salarial peut faire grincer des dents, on peut également voir un lien avec les mouvements antiracistes, féministes et queers où la question du *care* est considérée comme un enjeu politique et stratégique en soi.

CHAPITRE 6

INVITATION À L'ANTI-MANAGEMENT

Si le management constitue une façon spécifique d'exercer le pouvoir, alors l'anti-management est un effort d'explicitation des mécanismes d'exercice du pouvoir dans le monde du travail. On l'a vu, Thibault Le Texier définit le management comme une « rationalité gouvernementale » au sens d'un ensemble de concepts et de schèmes mentaux pour l'exercice du pouvoir. De ce point de vue, l'anti-management ne cherche pas à produire de nouveaux concepts et à participer au développement du management, mais plutôt à démystifier le management, à rappeler la réalité des rapports salariaux et à proposer des outils de compréhension et de lutte aux salarié·es.

§30 - ASSUMER QUE LA FONCTION EMPLOYEUR EXISTE

Il n'existe pas de recette magique : le premier enseignement apporté par cette enquête consiste dans le fait d'assumer la réalité de la relation de travail, la présence d'un employeur et de salarié·es, avec des droits et des obligations spécifiés dans le droit du travail.

Travaillant comme graphiste dans une organisation de gauche, Stéphanie a commencé à y participer en tant que militante puis a réalisé quelques missions avant de devenir finalement salariée. Le caractère technique de son poste l'éloigne d'éventuelles tensions politiques dans l'organisation. Elle a une bonne vision de ses tâches, elle avance de projet en projet avec les différents services de l'organisation. Stéphanie reconnaît certes que sa situation est assez spécifique, du fait que son poste soit technique et qu'elle soit la seule graphiste, mais pour elle, la clé de son bien-être au travail réside dans le fait que son employeur s'assume comme tel, de même qu'il assume ses obligations légales et son engagement : « Quand je fais du télétravail, mon employeur me dit qu'il est contre en tant que personne mais en tant qu'employeur il ne veut pas me l'interdire. »

Assumer, c'est avant tout sortir du management contrarié, ne plus prendre la fuite face à une situation inconfortable parce que tendue. Cela peut passer par le fait de nommer franchement la réalité des rapports au travail, les fonctions, les postes, les responsabilités, le cadre d'organisation concret. Cela peut aussi passer par une enquête dans l'organisation pour connaître les tâches réelles, savoir qui les réalise, comment se prennent concrètement les décisions, quel est le rôle de chacun·e dans l'organisation. Cela peut consister à regarder ces rôles à la lumière des systèmes d'oppressions comme le racisme, le validisme, le sexisme ou l'homophobie.

C'est aussi nommer les choses telles qu'elles sont et non pas invoquer des notions ou des modes de relation rêvées, réfléchir à l'organisation concrète de la structure avant de parler d'autogestion, d'horizontalité ou de démocratie participative. C'est aussi questionner les formes légales d'évitement du salariat et du contrat en CDI – travail autonome, stages, etc : si une personne travaille de façon subordonnée à l'organisation et contre une rémunération, elle doit être salariée. C'est aussi analyser la place du travail gratuit (bénévolat, par exemple) dans l'organisation et l'impact qu'il a sur les conditions de travail des personnes rémunérées. Assumer, c'est analyser dans le détail les limites économiques et juridiques qui existent et voir ce qu'il est tout de même possible de mettre en place (§34).

Assumer revient à considérer que s'il y a des salarié·es, alors il y a une fonction employeur qui suppose un pouvoir de direction, de contrôle et d'évaluation. Laisser les salarié·es définir leurs tâches, les contrôler et les évaluer n'est pas synonyme d'autogestion tant qu'il n'y a pas de remise en question des moyens et du pouvoir dans le travail, mais génère de la souffrance, de la culpabilisation, de l'auto-exploitation et de la sur-responsabilisation. Dans le travail pensé comme activité productive, l'important est que cette activité soit clairement définie pour la personne salariée, en ce qui concerne ce qui est attendu d'elle et les critères de contrôle et d'évaluation de la tâche réalisée. Il en va de même pour le travail pensé comme organisation sociale : il s'agit d'assumer l'existence d'un collectif de travail reposant sur une certaine organisation, de formaliser l'organisation du travail et de faire en sorte qu'elle soit visible par tous·tes. C'est l'idée développée par l'avocate et militante féministe Jo Freeman dans son texte «La tyrannie de l'absence de structure»[49]. Selon elle, l'objectif d'une absence de structure est un leurre, la réelle alternative étant une structure formelle ou une structure informelle[50]. Or, une structure informelle pose des risques aussi bien en matière d'efficacité qu'en matière d'élitisme et, pourrions-nous ajouter, de reproduction des systèmes d'oppression. En effet, cet informel renvoie souvent à des relations personnelles plus que professionnelles et laisse également place à la reproduction d'autres modes de pouvoir et domination.

«La fonction employeur existe, c'est une fonction de pouvoir»: il faudrait presque afficher cette citation dans chaque organisation de gauche comportant des salarié·es, tant elle résume l'enjeu majeur de cette question de la fonction employeur. Il importe ainsi de voir qu'en tant que rapport de pouvoir, la fonction employeur peut être questionnée, repensée, discutée. Assumer cette fonction revient à une invitation à la réflexion, à en faire un débat. À l'instar du travail de Thomas Coutrot, il s'agit de permettre une réflexion claire, ouverte et continue sur le travail dans les organisations de gauche. Qui dit réflexion, dit également formation: assumer la relation salariale peut aussi passer par une

49 Jo Freeman, «La tyrannie de l'absence de structure», *The Second Wave*, 1972.

50 Pour rappel, la notion de structure formelle ne renvoie pas ici directement au salariat, mais à des structures assumées et explicites. Cette notion n'empêche pas la recherche d'alternatives au salariat.

formation des employeur·euses et des salarié·es au cadre légal, historique et sociologique du salariat.

Point de vigilance : le cas du micro-management

L'analyse de la gestion du personnel inclut une telle variété de facteurs qu'on ne peut se limiter à des recettes faciles. Un même comportement d'un patron dans des situations différentes aura un impact différent sur les salarié·es. Si le fait de nier sa position d'employeur est un problème, assumer qu'on est un employeur peut signifier qu'on est un patron dirigiste ou qu'on fait du micro-management. Il n'existe pas de mesures applicables à tous les contextes, seulement des points de vigilance.

Commençons par le patron dirigiste qui s'assume avec zèle : un employeur qui assume sa fonction ne se limite pas nécessairement aux prérogatives que lui attribue le droit du travail. C'est ce dont témoigne Nicolas, salarié d'une association culturelle de quartier :

> Il disait « c'est moi le chef, tu n'as rien appris, tu ne comprends rien ». Tout tournait autour des « process », des procédures. Il répétait « c'est pas ce qu'on a dit ». J'ai connu trois ans de mises à l'amende devant le bureau de l'association, de mails assassins, etc. Il a instillé une peur du chef qui n'existait pas au début du projet : les gens ont commencé à se cacher pour faire des trucs, à développer des stratégies de contournement. Je me souviens qu'il changeait les codes sur les ordinateurs, il y avait un manque de confiance totale. En gros, il

> avait instauré dans notre relation une sorte de paternalisme, mais en pire. Et en me paternalisant, il m'a rendu ado rebelle.

Ce genre d'employeurs assume sa fonction et la réalise avec beaucoup de vigueur, parfois en dehors de ses prérogatives. Il donne une série d'ordres, parfois contradictoires, sans lien avec l'activité de l'organisation, dans le but d'affirmer son pouvoir de direction. De même, il peut imposer un contrôle très poussé, renvoyant au micro-management. On constate dans ce cas l'excès inverse du comportement de patron de gauche qu'on a décrit plus haut.

§31 - L'OPTION D'UN SALARIAT AMÉLIORÉ

Dans l'essentiel des témoignages recueillis, un même constat s'est fait jour : non seulement les organisations de gauche ne cherchent pas de modèle alternatif au salariat en leur sein mais, aussi et surtout, leur mode de gestion des salarié·es présente de nombreux manquements au droit du travail. Exécution du contrat de travail, lutte contre les discriminations et le harcèlement au travail, respect des dispositifs de représentation du personnel et de la négociation collective, temps de travail, salaire, santé et sécurité au travail, formation professionnelle : longue est la liste des domaines où le droit du travail est susceptible de ne pas être respecté dans les organisations de gauche – comme ailleurs.

Au-delà de la lutte pour le respect du Code du travail, élément central et récurrent pour les salarié·es, il est également possible d'envisager une lutte pour l'obtention de droits supplémentaires garantis par le droit du travail, d'un salariat amélioré avec des dispositifs facultatifs mais rendus possibles par le droit du travail. Il s'agit là d'un pari ambitieux, d'autant que les récentes – et désastreuses – réformes du droit du travail, qui font la part belle à la négociation dans l'entreprise, invitent à confronter les employeurs pour imposer de meilleures conditions à l'échelle de l'entreprise. Si ce champ d'amélioration n'est pas infini, il n'est pas non plus négligeable. Pourquoi ne pas instaurer dans les organisations de gauche une semaine de 32 heures, voire de 28 heures ? Pourquoi ne pas imposer des congés parentaux plus longs, une égalité salariale à travail égal – voire une grille de salaires fondée sur des critères déterminés collectivement – ou des formations obligatoires contre le harcèlement au travail et les différentes formes de discrimination ? Si la question de la pression économique reste un facteur décisif dans les possibilités d'amélioration des conditions de travail, il importe de ne pas en faire un obstacle à toute réflexion ou prise de décision en ce sens (§34).

Améliorer la représentation des salarié·es

Il est aussi possible d'améliorer l'organisation du travail en développant les instances de représentation du personnel. Cela peut passer tout d'abord par une prise en compte des dynamiques réelles de travail : là où le droit des sociétés permet une fragmentation du personnel d'une même organisation en différentes entités[51], il est possible de partir du principe que l'ensemble du personnel relève d'une seule et même entité. Dans des structures similaires et travaillant ensemble, il est habituel que les salarié·es soient répartis en fonction des entités qui les emploient. Si le droit des sociétés permet une fragmentation qui conduit à des écarts de conditions de travail importants, le droit du travail permet de considérer ces différent·es salarié·es comme relevant d'une même unité économique et sociale (UES). Cette UES peut résulter d'un accord collectif ou d'une décision du juge. En regroupant différentes entités dans une même unité, il est ainsi possible d'atteindre le seuil minimum légal pour l'instauration d'un Comité social et économique (CSE) et d'obtenir des moyens spécifiques de représentation des salarié·es[52].

Le droit offre de nombreuses autres options pour améliorer le travail en tant qu'organisation sociale, surtout à travers la représentation du personnel. L'ancien Comité d'hygiène, de sécurité et des conditions de travail (CHSCT) présent à partir de 50 salarié·es a été supprimé par les ordonnances Macron et remplacé par un Comité de santé, sécurité et conditions de travail

51 Le droit des sociétés permet d'opérer des montages sociétaires (création de filiales, par exemple) où une même communauté de travail est répartie en différentes sociétés ou entreprises. Dans les faits, les salarié·es réalisent un travail similaire ou sous le contrôle d'un même employeur mais, en droit, ielles sont réparti·es en différentes sociétés.

52 Le CSE est l'instance de représentation du personnel qui, depuis les ordonnances Macron, fusionne les trois anciennes instances (comité d'entreprise, délégués du personnel et Comité hygiène sécurité et conditions de travail). Le CSE est imposé à partir de onze salarié·es dans l'entreprise.

(CSSCT) à partir de 300 salarié·es. Depuis 2016, l'essentiel des organisations de gauche s'oppose aux mesures réformant le droit du travail comme à autant d'attaques aux droits des travailleur·euses. On pourrait leur dire : pourquoi ne pas instaurer un CSSCT avant le seuil des 300 salarié·es, comme le permet la loi ? Pourquoi ne pas mettre à disposition des représentants du personnel des moyens supplémentaires comme des heures de délégation, un local et un budget ? Tous ces éléments peuvent être mis en place par la négociation collective, par un accord d'entreprise ou même par décision unilatérale de l'employeur.

Nous l'avons vu, il ne s'agit pas ici de s'en remettre à la seule volonté de l'employeur, mais plutôt de voir qu'il a la possibilité de mettre en place des dispositions d'amélioration du salariat à l'échelle de l'entreprise – et force est de constater que rares sont les employeurs de gauche mettant en place des dispositifs supplémentaires aux mesures d'ordre public, c'est-à-dire non dérogeables. L'écart entre ce que fait le patron de gauche et les outils qu'il a à sa disposition est en soi un indicateur de son mode de gestion des salarié·es. D'autre part, ces outils peuvent représenter autant de pistes de revendication et de lutte par les salarié·es, d'éléments utiles pour exercer une pression sur l'employeur.

§32 - REPENSER LA FONCTION EMPLOYEUR

À ce stade, nous restons dans les clous du salariat. Qu'il s'agisse d'assumer et de respecter le droit du travail ou d'envisager des mesures d'amélioration du salariat, on en revient à maintenir le modèle salarial. Pourtant, cela n'empêche pas des réflexions sur d'autres formes d'organisation du travail, à l'intérieur ou en dehors du salariat. Il n'est pas question de se priver d'une recherche d'alternatives : à côté du respect du code du travail et de mesures d'amélioration, il est également possible de repenser la fonction employeur. Je partage ici deux axes de réflexion qui n'épuisent pas le sujet, mais qui m'ont semblé intéressants lors des entretiens.

D'une part, il est possible de repenser la fonction employeur en elle-même : qui l'exerce ? Qui la compose ? Garance est syndicaliste, sa position dans son syndicat lui confère un mandat lui donnant une responsabilité d'employeuse envers les salarié·es du syndicat. Selon elle, une solution pourrait consister à passer par une fonction employeur désindividualisée. La fonction est assumée collectivement, par le bureau de la structure :

> C'est surtout la question de savoir qui prend les décisions et d'avoir un espace pour s'exprimer lorsqu'il y a un souci. Cela peut passer par une prise en compte collective des tâches d'employeur. En mettant la prise de décisions au niveau collectif, au niveau du bureau, on déplace le côté hiérarchique et interindividuel du rapport au salarié. Les demandes des salariés sont présentées collectivement à une entité de plusieurs personnes, le bureau. La négociation et la prise de décision sont collectives. À mon sens, ça évite des abus. Et sortir de la relation individuelle, ça peut permettre au salarié de s'exprimer plus

> facilement. Ça suppose alors aussi des espaces où les salariés peuvent se rencontrer, définir des revendications, puis les exprimer au collectif qui les emploie. C'est garantir une rencontre entre deux collectifs.

Bien sûr, repenser la fonction employeur présente un intérêt dès lors qu'on accepte son existence. La proposition exposée par Garance reste intéressante à condition que ce partage de la fonction employeur n'aboutisse pas à une dilution de la responsabilité entre différentes personnes. Ici, l'enjeu est d'éviter une trop forte concentration du pouvoir de l'employeur. Gérer collectivement la fonction employeur peut limiter les abus de pouvoir, mais Garance précise bien que l'existence d'espaces et de moments de partage et de revendication entre salarié·es est alors encore plus nécessaire.

D'autre part, la fonction employeur peut être repensée dans le rapport aux salarié·es. C'est ce que propose Oscar, syndicaliste de longue date qui se trouve à cheval entre des positions de militant, d'élu indemnisé et salarié ainsi que, du fait de son mandat syndical, d'employeur des salarié·es de sa structure. Il décrit son rapport aux salarié·es de la structure qu'il représente: «Il faut qu'on s'interdise, nous employeurs, de considérer les salariés comme des subordonnés au sens où on aurait un droit sur eux. Je ne conçois pas une seconde de refuser des congés. Quand un ou une salariée me demande des congés, c'est en tant qu'employeur qu'elle vient me voir, pas en tant que pote ou camarade. Et s'il y a un problème, de congés, de moyens ou autre, on voit avec la structure nationale.»

Dans son témoignage, il décrit une tension « subtile » entre la réalité des responsabilités d'employeur et la recherche d'un rapport différent au travail.

> Je ne me pense pas comme un employeur, mais je ne nie pas la responsabilité salariale. J'admets qu'une salariée me parle comme à un employeur mais je ne veux pas la considérer comme une employée. Je me considère comme un animateur autogestionnaire mais je maintiens que s'il faut prendre nos responsabilités en tant qu'employeur, on doit le faire. Dans le cas d'une agression sexuelle au travail, on mènera la bataille dans le respect du droit pour que l'auteur soit sanctionné. C'est l'équilibre subtil entre ne pas être patron au quotidien et ne pas se défiler face aux responsabilités d'un employeur.

Cette fois, la référence à l'autogestion et le refus de se nommer patron ne vont pas de pair avec un refus d'assumer la fonction d'employeur. Oscar propose un pas de côté : rester dans le cadre de la responsabilité d'employeur, respecter le droit du travail, mais ne pas s'y enfermer, proposer une réflexion pour aller plus loin. « Je pense qu'on peut faire mieux que le droit du travail », conclut-il. En somme, Oscar propose d'assumer la fonction employeur comme une responsabilité envers les salarié·es et non comme un droit sur ell·eux.

À chaque fois, il s'agit d'un équilibre à trouver entre la nécessité de respecter le cadre existant du salariat et les droits qu'il permet et des réflexions sur une alternative au modèle de base du salariat. C'est un terrain miné où toute proposition d'amélioration ou de transformation pourra agir comme un renforcement de la subordination salariale, si on perd de vue la réalité de la fonction employeur. Il s'agirait d'avancer par paliers : d'abord, assumer la relation salariale et respecter le droit du travail ; puis envisager des mesures et des moyens pour repenser la relation salariale et la fonction d'employeur. Ces paliers ne sont pas nécessairement chronologiques mais plutôt logiques. Il est possible d'envisager les deux en même temps, mais en gardant en tête que la logique doit être celle d'un respect des droits de base du salariat comme condition pour une réflexion critique sur le salariat.

§33 - INVITATION À CONTRAINDRE LES PATRONS DE GAUCHE : POUR DES CHARTES D'EXPÉRIMENTATION

La fonction d'employeur dans les organisations engagées implique une responsabilité de ces dernières aussi bien envers les personnes qu'elles emploient qu'envers le reste de la société. Cette responsabilité consiste à proposer des alternatives, à faire en sorte que les discours politiques s'accompagnent de possibilités concrètes en leur sein.

Une fois mentionnée cette responsabilité, reste à savoir où et comment formuler ces alternatives. Instaurer des modes de fonctionnement informels semble risqué : en cas de litige, il existe peu de possibilités de recours pour les salarié·es ; en cas de changement de direction, l'informel risque de disparaître. Pourtant, il existe des outils permettant de formaliser des modes de fonctionnement et même de contraindre les employeurs. Il peut s'agir de textes, prévus par la loi ou non, de protocoles internes, de chartes d'entreprise, de règlements intérieurs ou encore d'accords et de conventions d'entreprise ou collectives. Au fil de cette enquête, un outil a particulièrement retenu mon attention : la charte. L'idée est venue de syndicalistes et plus précisément de personnes à la fois salariées, syndicalistes et, du fait de leurs mandats, employeuses.

Formaliser les relations de travail dans un texte

Au cœur du piège du patron de gauche, on trouve le refus d'assumer les enjeux de la relation de travail. Le principal atout de la charte est de permettre une mise à plat des fonctionnements et des relations au travail : au-delà des discours et des bonnes intentions, au-delà même des statuts juridiques, qui fait quoi dans l'organisation ? Qui décide ? Qui subit quoi ?

Une charte permet de formaliser, en les mettant par écrit, les modes de prise de décision, de règlement ou de prévention des conflits. J'en parle avec Oscar, syndicaliste et, du fait de son mandat syndical, en partie employeur des salarié·es de sa structure, avec qui il envisage de mettre en place une charte :

> Pour l'instant, notre mode de fonctionnement semble assez bon. On fonctionne sur deux piliers : il n'y a pas de débat sur le droit du travail, on doit l'appliquer. Et là-dessus c'est simple : soit tu le

> respectes, soit tu ne le respectes pas. L'autre pilier, c'est le pilier militant : est-ce qu'on se limite au droit du travail ou est-ce qu'on en fait plus sur les congés, le temps de travail ? Nous, on a décidé de faire plus : les salariés ont par exemple une sixième semaine de congés payés. Tout l'enjeu, c'est que quand ça fonctionne plutôt bien, il faut mettre en place une charte, des principes fondamentaux pour qu'en cas de changement de mandat ou de situation, ces droits ne disparaissent pas au prétexte qu'ils excèdent le droit du travail. On réfléchit à faire une charte des salariés de nos structures, à améliorer la représentation du personnel. On n'atteint pas les seuils légaux obligeant à la mise en place d'instances de représentation du personnel ; mais on peut décider d'en mettre en place.

La charte revêt deux avantages de poids : d'une part, elle permet de fixer des fonctionnements spécifiques à l'organisation au-delà de la volonté des employeurs, ce qui représente une protection pour les salarié·es : une fois inscrit, un dispositif est garanti et opposable à l'employeur. Ensuite, la charte permet de donner à des mesures non obligatoires dans le droit du travail un poids juridique.

La charte d'expérimentation à l'épreuve du système

L'expérimentation est à entendre dans deux sens différents. C'est une exigence envers les patrons de gauche : vous qui vous proclamez de gauche, révolutionnaires, en faveur des droits des travailleur·euses, mettez en place des dispositions concrètes pour assurer le respect du droit du travail et, surtout, pour aller plus loin. Les organisations de gauche ont la responsabilité de devenir des laboratoires d'alternatives au travail salarié. Elles ont un pouvoir sur leurs salarié·es et ce pouvoir doit être une responsabilité, celle de chercher à construire un autre rapport au travail.

Le second sens est celui d'une perspective critique permanente : il n'y a pas de recette parfaite et unique pour toutes les organisations et à tout moment. L'expérimentation doit évoluer dans le temps et en fonction de la situation de l'organisation, elle exige de revenir régulièrement sur le texte décidé. Un accord d'entreprise prévoit une fréquence de révision de l'accord, une charte peut également le prévoir. J'en parle avec Laura, responsable d'une association féministe :

> Nous sommes dans un processus de formalisation des prises de décision. À ce stade, on chemine vers des protocoles, c'est ennuyeux mais indispensable. Pour moi comme pour les salariées plus anciennes, c'est compliqué puisque ça signifie un fonctionnement plus lourd, c'est triste, mais c'est indispensable, c'est la seule façon pour nous de garantir la prise en compte des différents points de vue.
>
> On a listé toutes les catégories de décisions importantes pour l'association et pour chacune d'elles, on a défini un protocole décisionnaire. Par exemple, pour le recrutement, la décision devra se prendre à la majorité des salariées, à modifier si la taille de l'équipe change. On a réfléchi à une

éventuelle voix prépondérante ou à un droit de véto de la directrice avec l'idée d'assumer le rôle de la directrice. Sur les autres sujets, on réfléchit encore, tous ne nécessitent pas forcément un protocole.

Les protocoles ont trois intérêts. D'abord, ils permettent de gagner du temps, notamment quand on intègre des nouvelles venues. Lorsqu'il y a une nouvelle personne, jusqu'à maintenant la transmission se faisait de façon informelle, à l'oral, il n'y avait aucun écrit. La transmission se faisait en fonction du bon vouloir et de la disponibilité des salariées. Or c'est important qu'une nouvelle recrue puisse s'approprier le fonctionnement clairement et rapidement, de pouvoir lui remettre un classeur précisant le fonctionnement de la structure. Le second intérêt, c'est la sécurisation des règles et une tempérance apportée à la subordination. Le troisième, c'est que ça nous oblige à réfléchir ensemble. Nous voulons aboutir à un classeur mettant par écrit tout le fonctionnement : on ne l'a pas encore, mais ce n'est pas le plus important. L'essentiel n'est pas tellement le résultat mais le cheminement, la construction et la réflexion collective sur les processus décisionnels de notre organisation.

Un outil d'expérimentation, pas la panacée

Pour autant, les arguments pour critiquer le principe de charte comme outil d'expérimentation ne manquent pas, le plus visible étant qu'il s'agit d'un outil largement défendu par Emmanuel Macron dans sa logique de gestion du travail à l'échelle de l'entreprise plutôt que sur le plan national ou collectif (interprofessionnel ou de branche). Je vois dans cet outil deux pièges possibles. Tout d'abord, la charte n'a pas en tant que telle de pouvoir contraignant dans l'organisation. Le risque qu'elle ne soit qu'un mélange de bons sentiments et de bonnes intentions est élevé. Ensuite, elle peut rapidement devenir un outil de *left washing* : l'organisation se dote d'une charte évoquant des bons principes et des objectifs sociaux nobles mais aucun dispositif c`oncret, aucun mode de contrôle, aucune sanction en cas de non-respect, ce qui en fait une coquille vide. La difficulté n'est pourtant pas insurmontable : la charte peut avoir une valeur contraignante et contenir des dispositions concrètes à travers une prise en compte dans la convention collective[53], dans le règlement intérieur ou en annexe du contrat de travail.

Ainsi, malgré les pièges réels de cet outil, il me semble intéressant précisément parce qu'il répond à l'intention de cette enquête : assumer les contradictions inhérentes au salariat, ne pas les perdre de vue mais ne pas s'en servir non plus pour refuser d'agir et d'essayer, pour justifier le maintien des rapports de pouvoir dans le monde du travail.

53 Une convention collective est un texte négocié et conclu à l'échelle d'une branche d'activité (par exemple le secteur du spectacle vivant pour le théâtre). Elle vise à adapter les dispositions prévues dans le Code du travail sur des points précis et en fonction des spécificités du secteur d'activité (par exemple sur le salaire minimum et les congés).

Dans sa thèse[54], qui aborde la question de la charte, la sociologue Diane Rodet explique que l'économie solidaire est en tension entre des activités économiques d'une part et une histoire et des valeurs issues du mouvement social, de l'autre. Elle explique que les « dispositifs de qualité » (du type charte ou label) permettent d'articuler ces deux dimensions souvent contradictoires en valorisant la dimension contestataire des activités réalisées. À travers ces chartes, les militant·es mettent en place des outils et des modes d'actions en accord avec leur projet collectif. À partir de ces réflexions, la charte m'est apparue comme un moyen de stabiliser des modèles ou dispositifs alternatifs dans le cadre du salariat et de l'économie de marché.

Un outil d'action collective et syndicale

L'autre piège possible dans la charte ou à l'accord ou convention d'entreprise est la place centrale donnée à l'employeur : dans les deux cas, il faut son accord. Il peut même instaurer de lui-même une charte. Le risque de perdre une négociation ou de se voir imposer des compromis désavantageux, voire de devoir se satisfaire de quelques avancées au détriment d'une réelle prise en compte des enjeux et droits des salarié·es, est élevé. En outre, dans nombre de témoignages recueillis, la question d'une charte ou d'un accord d'entreprise apparaissent au mieux comme une plaisanterie, au pire comme une illusion. Comment parler de charte à un

54 *Une production engagée : sociologie des labels, chartes et systèmes participatifs de l'économie solidaire*, 2013.

patron de gauche refusant la présence d'un syndicat ou licenciant toute personne remettant en cause la paix sociale du management par l'engagement ?

L'idée de ce chapitre est de proposer un horizon. Son premier objectif est de rappeler qu'il est possible, voire nécessaire, de projeter son regard au-delà du salariat. Et cela n'a rien d'évident : lorsque le quotidien au travail est fait d'entorses constantes au droit actuel, penser un autre modèle semble être une perte de temps. Pourtant, avoir en tête qu'il est possible aujourd'hui, dans le droit actuel, de mettre en place des dispositifs supralégaux, permet selon moi d'aider l'action revendicative.

En somme, l'enjeu avec ces deux outils est de « dénaturaliser le salariat », pour reprendre l'expression de Danièle Linhart : « Pour que le travail constitue une activité socialisatrice et citoyenne, qu'il crée des emplois et alimente des logiques de consommation respectueuses des personnes comme de la nature, il nous faut donc impérativement commencer à regarder la subordination à travers un autre prisme et la "dénaturaliser"[55]. » Dénaturaliser pour rappeler que la subordination n'est pas l'unique forme de travail, n'est pas un horizon indépassable.

Une autre utilité de ces outils est de démasquer le patron de gauche. Le fait de les proposer joue le rôle d'un indicateur : une organisation de gauche sans outil pour repenser le travail a de grandes chances d'avoir des pratiques de patron de gauche.

55 Danièle Linhart, « Imaginer un salariat sans subordination », *Le Monde diplomatique*, juillet 2017.

En somme, ces deux outils ne sont pas la panacée de la lutte des classes dans les organisations de gauche, mais une sorte d'invitation à l'anti-management, à changer la perspective. Plutôt que de chercher à mieux gérer – c'est-à-dire à mieux subordonner – les travailleur·euses de l'organisation, assumer les relations de domination et d'oppression et chercher à encadrer ces dernières, à les contraindre. L'enjeu est d'avoir en tête la possibilité (et la nécessité) d'outils pour le faire.

§34- LES DEUX PRINCIPAUX DÉFIS DE L'ANTI-MANAGEMENT : L'ÉCONOMIQUE ET LE JURIDIQUE

Fatalisme économique et management de gauche

C'est après la phase des entretiens visant à nourrir mon enquête que la question de l'impact de la pression économique sur les organisations engagées s'est posée, aussi bien du côté des employeurs d'organisations engagées que des salarié·es. La pression économique expliquait le manque de personnel, le manque de moyens pour augmenter les salaires ou pour instaurer des mesures supplémentaires comme une sixième semaine de congés payés.

La pression économique entendue comme un manque de moyens financiers (subventions, fonds, etc) ou comme une pression issue de la logique de marché, de son impératif de rentabilité et de compétitivité, est une réalité. Elle a un impact sur les capacités d'une organisation en matière de gestion du personnel, c'est indéniable. Pourtant, la pression économique ne peut pas tout justifier, à moins d'en faire une valeur en soi ou un principe juste et régulateur à l'instar de la pensée libérale. Elle ne peut pas justifier le harcèlement au travail, les discriminations ou le refus de tout contre-pouvoir ou de la présence d'un syndicat. Il me semble même important de voir comment une organisation engagée gère cette pression qui touche tout le monde professionnel. De quelle façon l'engagement d'une organisation permet (ou non) un autre rapport à l'économie capitaliste ?

Le nœud du problème est selon moi de parvenir à distinguer ce qui relève d'une pression économique de ce qui relève d'une méthode de management. Aussi bien dans les entreprises classiques que dans les organisations engagées, l'argument de la pression économique est souvent opposé aux salarié·es dans leurs demandes et revendications. Chloé, salariée d'une association d'accès à la santé sexuelle et reproductive, détaille cette mobilisation de l'enjeu économique dans la gestion faite par sa direction : « Les administrateurs nous disaient qu'il n'y avait pas de pognon pour payer toutes nos heures supplémentaires et encore moins pour envisager des augmentations de salaire. Nous, on n'avait pas accès aux comptes. Mais j'ai su par la suite que l'association avait un compte d'épargne avec plusieurs dizaines de milliers d'euros, le tout pour assurer un fond de roulement. On n'était pas si pauvres que ça ! »

Pour Vanessa, salariée d'une association de solidarité envers les personnes précaires, la pression économique sert de prétexte au management :

> Le directeur était très engagé dans son travail mais il avait le salaire qui allait avec. Même si j'adhère au projet de la structure, je ne veux pas y adhérer 100 % de mon temps et sans compensation financière. Il y avait une fracture énorme entre les attentes de la direction et nos positions à nous, les salariés.
>
> Être « patron de gauche », c'est des choix et des non-choix. Quand tu n'as pas assez de tune, tu prends des gens qui ne te coûtent pas cher. De là une grande contradiction chez ces patrons qui sont contre la casse du Code du travail et qui d'un autre côté en profitent pour faire tourner leur projet.

Un premier levier consisterait alors sans doute à exiger une transparence quant au modèle économique de la structure en question. Elle n'a pas les moyens de ses ambitions en matière de gestion du travail ? Alors commençons par regarder les comptes, les budgets, les salaires (oui, les salaires). Bien souvent, l'enjeu économique est avancé à chaque demande de salarié·es sans réelle réflexion ni débat sur ce qu'il est possible ou non de faire. La transparence sur les comptes et sur les orientations stratégiques de l'organisation engagée serait alors une première piste pour distinguer ce qui relève de la pression économique d'une simple méthode de subordination.

À cette première distinction s'en ajoute une seconde, autour de la responsabilité dans l'organisation face à la pression économique. Le management moderne cherche à responsabiliser le·la salarié·e par rapport au maintien de son propre emploi et de son propre salaire, ce qui n'a rien d'original et s'étend à l'ensemble du monde du travail. En droit du travail, il relève pourtant de la responsabilité de l'employeur de fournir un travail et de le rémunérer. La responsabilité du salarié est alors d'exécuter le travail prévu dans le contrat de travail en se subordonnant aux directives, au contrôle et aux possibles sanctions de son employeur[56]. Le discours selon lequel le salarié devrait être compétitif, flexible, dévoué pour maintenir son entreprise et son emploi révèle encore un abus de l'employeur qui se décharge sur ses salarié·es de sa propre responsabilité. Là encore, un rappel des fonctions et des responsabilités peut permettre de distinguer ce qui relève de la pression extérieure et d'une méthode de management.

Transparence et rééquilibrage des responsabilités seraient alors les deux principaux leviers utiles à cerner ce qui relève de la mauvaise foi patronale. Pourtant, ils ont leurs limites. Tout d'abord, la transparence ne règle en rien les tensions économiques que vit l'organisation. Une parfaite transparence peut même conduire à une sorte de fatalisme économique parmi les salarié·es, avec l'idée qu'il n'y a de toute façon pas assez de moyen, qu'on ne peut rien y faire, qu'il est inutile – voire néfaste – de porter des revendications. Ensuite, il arrive qu'un·e salarié·e ait dans sa fiche de poste la recherche de financements ou de subventions, par exemple dans le secteur associatif : dans ce cas, parler de déresponsabiliser les salarié·es de l'enjeu économique de l'organisation peut

56 Il s'agit ici des trois critères du rapport de subordination, voir p. 43.

faire doucement sourire. Là encore, il existe un risque d'entrer dans un fatalisme économique : les salarié·es se retrouvent directement responsables du manque de moyens pour envisager des améliorations de leurs propres conditions de travail et la boucle est bouclée.

Pourtant, il me semble possible de sortir de ce fatalisme économique sans rien nier des réalités et difficultés économiques d'une organisation engagée. Premièrement, assumer la réalité du modèle économique d'une organisation ne signifie pas l'accepter silencieusement. Que la pression vienne de l'extérieur, du marché, ne signifie pas qu'on ne puisse pas lui porter une critique. Dans le secteur associatif, les manques de moyens renvoient à son histoire récente, où l'État l'a peu à peu chargé de missions de service public sans le doter des moyens suffisants. C'est ce qu'expliquent Stella Fihn et Lily Zalzett[57] en parlant d'une sous-traitance par l'État à travers les associations. Il est ainsi possible de dénoncer la posture de l'État face à ce qu'on pourrait appeler une quatrième fonction publique, le secteur associatif, et son refus d'assumer son rôle d'employeur et d'y apporter les financements nécessaires[58]. Dans l'associatif comme ailleurs, le manque de moyens financiers appelle à une analyse critique du fonctionnement du marché voire des actions revendicatives.

57 Stella Fihn et Lily Zalzett, *Te plains pas…*, *op. cit.*

58 L'idée du secteur associatif comme d'une quatrième fonction publique (après la fonction publique d'État, territoriale et hospitalière) est développée dans la revue *Mouvements* (Simon Cottin-Marx, Anahita Grisoni et Olivier Roueff, « Qui est le patron des associations ? », *Mouvements* 2015/1, n° 81).

Deuxièmement, si les difficultés économiques sont une réalité, les conditions de travail en sont une autre. Le modèle économique ne peut se penser séparément et en opposition à la question du travail dans l'organisation. Dès lors que la question économique est utilisée pour faire taire les revendications portant sur le travail, il est possible que l'on passe d'un enjeu économique à une méthode de management. À l'inverse, il semble nécessaire de mettre en place des espaces et des moments d'échanges et de prise de décision collective sur le rapport du modèle économique et des conditions de travail. Cela suppose une transparence sur les informations économiques et stratégiques ainsi que des espaces d'auto-organisation des salarié·es pour formuler des propositions et revendications[59].

Troisièmement, il me semble important de garder en tête qu'il est possible de repenser le modèle économique de l'organisation à l'aune de la question du travail. Il s'agit de s'autoriser à inverser la logique, à penser et à définir des objectifs en matière de conditions de travail pour voir ensuite quelles sont les stratégies économiques à mettre en place. Il s'agit de sortir du fatalisme économique tout autant que du fatalisme de l'engagement qui tend à sacrifier la question du travail au nom de la cause (§29). Si l'option de réduire la voilure n'est pas possible dans toutes les situations, elle

59 C'est d'ailleurs le sens et le rôle des instances de représentation du personnel et plus précisément du Comité social et économique doté de compétences d'information et de consultation sur la situation économique et financière de l'entreprise, la politique sociale et les orientations stratégiques.

mérite au moins d'être prise au sérieux, d'être débattue et de faire l'objet d'une décision collective.

Il existe déjà des mécanismes d'information et de consultation des salariés sur la marche de l'entreprise. Cela renvoie aux compétences du Comité social et économique, qui n'est pourtant pas présent dans toutes les organisations engagées, notamment du fait du seuil minimal de onze salarié·es prévu par le droit[60]. En outre, ces compétences se limitent à un droit d'information et de consultation (donner un avis auquel l'employeur doit apporter une réponse motivée), il ne s'agit pas d'un droit de véto ni d'un droit effectif de participation à la décision et c'est bien l'employeur qui reste maître de la prise de décision.

La question du modèle économique d'une organisation pose également celle de la participation des salariés aux prises de décision effectives. L'existence de difficultés économiques devrait être l'occasion d'une plus grande participation des salarié·es à la marche de l'organisation. Il importe alors de donner toute transparence sur la structure, de permettre un réel débat sur le modèle économique, sur les objectifs et stratégies aussi bien économiques que sociales et, surtout, d'assurer une prise de décision collective incluant réellement les salarié·es. Il existe des mesures qui n'impliquent pas de budget supplémentaire, comme une réelle participation des salarié·es à la prise de décision.

Il s'agit en résumé de ne pas sacrifier la question du travail sur l'autel de la pression économique.

60 La loi n'impose la mise en place d'un CSE qu'à partir de onze salarié·es.

Expérimenter malgré le cadre juridique

Dans cet ouvrage, j'insiste beaucoup sur les cas de non-respect des droits des travailleur·euses. Cette enquête n'est pourtant pas une apologie du droit du travail, qui n'est pas construit comme un outil d'émancipation mais d'encadrement – ou de rééquilibrage pour les plus optimistes – de la subordination salariale. Si le droit crée des garanties pour les salarié·es, le modèle dans lequel il a été pensé limite les tentatives de modèles alternatifs. Laura, responsable d'une association féministe, revient sur la façon dont la loi 1901 sur les associations limite les possibilités d'alternatives au modèle salarial :

> Très rapidement, au fil de nos expérimentations en matière de protocole et de gestion des salariées, s'est posée la question du risque légal. Dans plein d'associations, il n'y a pas de problème à ce niveau, l'association est dirigée par un conseil d'administration ou un bureau vertical et omnipotent. L'enjeu pour nous, c'est la loi de 1901 qui est un vrai piège pour les fonctionnements démocratiques. C'est une forme juridique inventée pour garantir la liberté associative, avec pour philosophie un fonctionnement démocratique entre tous les membres de l'association. Ce modèle n'est possible que s'il n'y a pas de salariés, pas de subordonnés dans l'organisation. À l'inverse, le salariat implique la présence de personnes juridiquement dépossédées de la prise de décision sur les questions de direction politique et de ressources humaines. La loi 1901

n'a pas été conçue pour des associations avec des salariés[61].

Pour prendre un exemple, dans notre association, on essaye de donner plus de pouvoir aux salariées. On a réduit volontairement le nombre de membres du conseil d'administration pour avoir une parité numéraire entre salariées et administratrices. Pour le recrutement, on gère entre salariées. On fait les entretiens à plusieurs, on se répartit les questions aux candidates, on délibère collectivement pour la prise de décision. Or, en faisant tout ça, on prend un risque juridique[62]. On doit veiller à ne pas tomber dans une gestion de fait par les salariées. Alors on a réfléchi à d'autres formes juridiques, notamment à la coopérative. Mais dans ce cas, on perd la possibilité d'agir en justice[63] comme le permet le statut associatif. On pourrait penser à un statut hybride, mais là encore, ça pose des questions en matière de sécurité juridique…

61 Si le recrutement et la signature du contrat de travail doivent respecter un certain formalisme, il est envisageable de soumettre la décision à un collectif de salarié·es. C'est cependant bien l'employeur qui devra porter la responsabilité de la décision finale.

62 Une association loi 1901 doit être administrée et dirigée par des bénévoles, cela renvoie au critère d'association « à but non lucratif ». Laura évoque ici le risque, en donnant beaucoup de poids aux salarié·es dans la gestion de l'association, d'une requalification par la justice d'une gestion de fait par les salarié·es et ainsi la perte du statut d'association à but non-lucratif.

63 Le statut associatif permet d'agir en justice, c'est-à-dire de saisir le juge, sur des sujets concernant le champ d'activité de l'association, ce qui n'est pas prévu avec le statut coopératif.

Le cadre juridique actuel semblerait conduire à l'impasse les tentatives d'expérimentations du travail. Pourtant, l'expérience de Laura invite plutôt à assumer les contraintes existantes. Elle invite à façonner autour et malgré le cadre juridique existant, des mesures et modes de fonctionnement alternatifs.

Aussi bien le modèle économique que le modèle juridique posent de réelles limites à un anti-management de gauche. Mais, là encore, l'enjeu est d'éviter de tomber dans un fatalisme qui conduirait à refuser toute remise en question du modèle du travail dans les organisations engagées. Il s'agit d'assumer la réalité de ces deux limites sans pour autant les accepter et d'ajouter un troisième axe dans la réflexion sur les organisations engagées : celui du travail.

CONCLUSION SYNDIQUONS-NOUS !

L'indignation collective et organisée

L'anti-management montre qu'il existe différentes voies pour répondre au management de gauche : assumer la réalité des rapports salariaux, imposer des améliorations au cadre salarial actuel, repenser la fonction employeur mais aussi la contraindre par des textes. Pourtant, la meilleure solution reste la plus ancienne, la plus évidente : l'action syndicale. L'idée n'est pas simplement de prendre sa carte et de s'affilier à tel ou tel syndicat, mais de voir que la forme d'action collective qu'est le syndicat apporte aussi des réponses aux problèmes posés par le management de gauche. C'est la forme d'organisation utile pour se réunir entre salarié·es, définir des revendications, construire une stratégie d'action et se défendre individuellement et collectivement. Elle est moins intéressante en tant que structure institutionnelle qu'en tant que projet d'organisation des salarié·es par ell·eux-mêmes. L'affiliation à une centrale ou une union syndicale permet en outre un soutien matériel, financier, juridique et politique. C'est le premier apport du syndicalisme : proposer un espace d'auto-organisation, de lutte et de revendication.

Si l'on repart des enjeux spécifiques soulevés par le management de gauche, l'action syndicale offre des outils de lutte importants. La présence d'un syndicat dans une organisation permet de rappeler l'existence d'un rapport salarial et d'une distinction entre l'employeur et les salarié·es, participe à dissiper le brouillard du management contrarié, rappelle que les enjeux internes, la gestion des membres et des salarié·es de l'organisation sont un sujet politique à part entière, un critère qui renseigne beaucoup sur l'engagement de l'organisation. En somme, le syndicat participe à resituer l'engagement promu par l'organisation. Sans le nier, il rappelle que ledit engagement repose sur un travail effectué par des subordonné·es, les salarié·es, et qu'ielles ont le droit de se regrouper, de se défendre et de revendiquer. Par là même, l'engagement d'une organisation n'apparaît plus comme un dévouement désintéressé ou comme un acte de sacrifice, mais bien plutôt comme le produit d'un travail qui pose la question des conditions de production. C'est le second apport de l'action syndicale.

Le troisième apport du syndicalisme face au management de gauche est d'offrir la possibilité d'élargir le champ de réflexion et d'action. L'affiliation à un syndicat permet de côtoyer des salarié·es du même secteur professionnel, à l'échelle d'un département ou nationale. C'est aussi la possibilité d'agir à l'échelle interprofessionnelle, avec des salarié·es d'autres secteurs. C'est particulièrement utile lorsque le management mobilise l'argument de la spécificité du secteur d'activité, comme souvent dans l'ESS ou dans le secteur associatif[64], ou recourt à un romantisme de l'engagement (§12). Le lien avec des salarié·es d'autres organisations ou d'autres secteurs permet ainsi de mesurer l'importance des spécificités de l'organisation, de partager des points communs et différences avec les autres salarié·es

64 Stella Fihn et Lily Zalzett, *Te plains pas…*, *op. cit.*

et ainsi de distinguer ce qui relève des conditions réelles du secteur ou de la mauvaise foi managériale. C'est finalement ce que présentait Margaux lorsqu'elle parlait de la grève comme « acte de reconstruction » (§20). Si l'on étend cette réflexion sur la grève à l'action syndicale, on voit que l'auto-organisation des salarié·es permet de reconstituer la réalité salariale, mais aussi l'identité et la dignité et que le management de gauche cherche à brouiller. Le syndicalisme permet de ce point de vue de recoller les morceaux du travail engagé, de distinguer ce qui relève du salariat et ce qui relève de la pression à l'engagement, bref, de rappeler que le travail pour une organisation engagée reste un travail salarié.

Le syndicalisme, concrètement, comment ça marche ?

Il est possible de rejoindre une organisation syndicale sur une base professionnelle, dans la structure où l'on travaille ou en rejoignant le syndicat du secteur d'activité de la structure[65]. Par exemple, lorsqu'on travaille dans une association, il est possible de rejoindre un syndicat national du secteur associatif. Le choix du champ de syndicalisation est laissé à l'appréciation de chaque organisation syndicale, il suffit de chercher le syndicat qui couvre le secteur de notre structure. L'affiliation peut également se faire sur une base territoriale, en se rapprochant de l'union locale la plus proche. Le découpage est généralement départemental.

65 Sur les outils pour mettre en place un syndicat, voir notamment le *Guide d'autodéfense à l'usage des salarié-es des Très petites associations (TPA)* du syndicat Asso-Solidaires, mars 2021.

Pour rappel, selon la cour de cassation, l'adhésion à un syndicat relève de la vie personnelle du·de la salarié·e[66] : l'employeur n'est pas censé savoir que ses salarié·es adhèrent à un syndicat, il ne doit en être informé que dans le cas d'un mandat syndical permettant le statut de salarié protégé. Il est donc possible d'adhérer individuellement ou collectivement à un syndicat sans que l'employeur le sache. Par ailleurs, la discrimination syndicale est interdite par le droit du travail (Code du travail, art. L.1132-1).

Il est également possible de créer une section syndicale dans la structure où on travaille. Pour cela, il suffit d'être au moins deux personnes de l'entreprise, quel que soit le nombre de salarié·es. La section doit cependant respecter deux critères définis par la loi : être affilié à un syndicat dit « représentatif » au niveau national et interprofessionnel ; respecter « les valeurs républicaines et d'indépendance » et d'avoir une ancienneté dans le champ professionnel et géographique de l'entreprise concernée d'au moins deux ans. La création d'une section syndicale ne prévoit pas de formalisme particulier, il n'est donc pas obligatoire d'en informer l'employeur. Toutefois, pour obtenir certains droits et moyens liés à la section syndicale, comme le droit d'affichage, le droit de réunion et le droit de percevoir des cotisations, il peut être intéressant d'officialiser la création ou la présence d'une section syndicale. Il n'y a aucune obligation de transmettre la liste des personnes

66 Cass. soc. du 8 juillet 2009, n° 09-60031 ; Cass. soc. du 15 mai 2013, n° 12-19305 ; Cass. soc. Du 1er avril 2015, n° 14-18504.

adhérant à cette section, l'adhésion à une section syndicale comme à un syndicat relevant de la vie personnelle du·de la salarié·e.

La section syndicale a pour objectif d'assurer « la représentation des intérêts matériels et moraux de ses membres »[67]. Toutefois, elle est considérée comme une émanation d'un syndicat représentatif, elle ne dispose pas de la personnalité juridique et ne peut donc pas agir en justice en son nom ni présenter une liste aux élections professionnelles. La section syndicale permet d'avoir un·e « représentant·e de section syndicale ». Ce·tte dernier·e ne dispose pas d'heures de délégation, mais peut circuler dans l'entreprise et échanger avec les salarié·es et communiquer de l'information syndicale (un panneau d'affichage doit être mis à disposition par l'employeur). Ielle peut aussi organiser des réunions en dehors du temps de travail et distribuer des tracts au sein de l'entreprise. Plus généralement, le·la représentant·e de section syndicale peut formuler des revendications, des réclamations ou des propositions. Ielle peut, enfin, assister un·e salarié·e lors d'un entretien préalable au licenciement ou à une sanction disciplinaire.

C'est surtout à travers « le·la délégué·e syndical·e » que la section bénéficie de prérogatives. Lorsque le syndicat dont émane la section syndicale est représentatif, il est possible de désigner un·e délégué·e syndical·e. Ce·tte dernier·e bénéficie des mêmes prérogatives que le·la représentant·e de section, avec en plus la possibilité de négocier des accords collectifs. En fonction des

67 C. trav., art. L.2142-1.

effectifs de la structure, les droits des représentant·es de section et des délégué·es syndicaux peuvent varier. C'est au niveau de la « représentativité » du syndicat que se joue le passage d'une simple section à la présente d'un·e délégué·e syndical·e. Mais représentant·e comme délégué·e bénéficient du statut de « salarié·e protégé·e », ce qui implique la nécessité d'une autorisation préalable de l'inspection du travail en cas de licenciement.

Le syndicalisme n'est pas aussi compliqué qu'on pourrait le penser même s'il renvoie à des critères légaux assez lourds. Il me semble que l'essentiel est de garder en tête que le recours à l'organisation syndicale permet de visibiliser l'action des salarié·es et, comme on l'a vu, la réalité du rapport salarial, deux points particulièrement importants dans le contexte de management de gauche. Pourtant, dans de nombreux cas, le passage à l'action syndicale peut faire peur tant il est vu comme une déclaration de guerre par certains employeurs. Si la violence de la réaction d'un employeur illustre la force de l'outil syndical, la crainte des salarié·es est légitime et compréhensible. Il est alors toujours possible de choisir la voie du collectif informel, du proto-syndicalisme avec des moments de réunions informelles entre collègues, des prises de contacts avec d'autres salarié·es d'autres structures ou des syndicalistes, d'élaboration d'actions revendicatives. L'outil syndical a l'avantage d'offrir un cadre plus formel, plus clair, mieux protégé, mais il n'est ni une obligation ni une exigence pour agir dans son entreprise. Ces espaces et moments de proto-syndicalisme peuvent représenter, par exemple, une première étape vers la mise en place d'une section syndicale.

ÉPILOGUE

Je suis (encore) tombé dans le panneau

Trois erreurs, deux leçons

Aux dernières étapes de la rédaction de ce livre et alors que je m'apprêtais à rendre le manuscrit à mon éditrice, je travaillais dans une organisation engagée pour la défense des salarié·es. Cette organisation s'enorgueille d'une ambiance de travail bienveillante et précise même que les codes vestimentaires y sont plus libres, loin du costard-cravate. Je pouvais donc venir avec mes boucles d'oreilles, mon sac à main et mes vêtements qui, quoique formels, situent mon identité. J'ai même poussé jusqu'à cesser de contraindre en moi des gestes et une façon de parler dits « efféminés » : plus besoin d'utiliser mes vingt années d'expérience de refoulement pour paraître hétérosexuel ! Première erreur. Mes tenues ont fait l'objet de remarques, qui se voulaient parfois des conseils, voire des compliments, soulignant pourtant que ce n'était pas une façon de s'habiller habituelle. Je me suis entendu dire que je n'étais pas assez « formel », que « l'habit ne fait pas le moine mais un peu quand même », tout cela étant « dit pour [mon] bien ». J'ai compris que si je voulais qu'on me prenne au sérieux, je devais paraître sérieux aux yeux de mes collègues, c'est-à-dire pas trop « efféminé[68] », bien dans la norme. Croire aux annonces

68 Les discriminations LGBTQIA+phobes sont le troisième critère de discrimination pour les salarié·es du privé. 14 % des personnes LGBTQIA+ sont victimes d'insultes ou de propos diffamatoires au travail et 10 % d'entre elles sont victimes de menaces d'agression au travail,

de libéralité vestimentaire et comportementale sans vérifier l'existence de mesures concrètes pour les garantir notamment en matière de lutte contre les discriminations, revient visiblement à tomber dans le panneau du management engagé.

Ensuite, j'ai eu un problème avec un encadrant, dont la méthode était infantilisante et ne me permettait pas de prendre des initiatives, alors même que c'était un attendu du poste. J'ai fait le dos rond et j'ai essayé de tenir sans faire appel à mes collègues, aux représentants du personnel ni à des syndicalistes. Deuxième erreur. Lorsque la situation n'a plus été tenable, j'ai signalé ces problèmes aux personnes chargées du recrutement, en larmes. J'ai pensé que si un conflit s'avérait inévitable, la structure aurait les outils pour y répondre. J'ai expliqué que les méthodes d'encadrement généraient du stress chez moi et m'empêchaient de travailler correctement. Dans la réponse qui m'a été apportée, j'ai été décrit comme trop « sensible », « bizarre » ; on m'a dit que mes collègues n'étaient pas mes psys et que mon anxiété relevait du personnel et non du professionnel. Je pensais qu'une organisation réellement engagée connaîtrait la notion de risques psycho-sociaux liés au travail, qu'elle saurait entendre mon signalement et gérer le conflit. C'était ma troisième erreur.

selon le rapport *Orientation sexuelle, identité de genre et intersexuation : de l'égalité à l'effectivité des droits* de la CDCDH (mai 2022). Si l'expérience décrite ici ne comporte pas d'insultes ou de menaces d'agression, elle pose la question des mesures mises en place pour éviter toute attitude discriminante.

Aux derniers moments de cette enquête, j'ai poussé la dissonance cognitive au point de subir un management néfaste le jour et de finaliser ce projet de manuel d'anti-management la nuit. Le « fais ce que je dis, pas ce que je fais » marquait mon quotidien. Alors que j'écrivais sur l'importance de dénoncer le management de gauche, d'y répondre en s'organisant collectivement et syndicalement, je me laissais isoler et je serrais les dents. Je suis encore tombé dans le panneau, donc. Mais de ces erreurs, je retiens deux leçons qu'il me semble nécessaire de décrire avant de clôturer ce livre.

Le *gaslighting*[69], une spécificité du management de gauche

La première de ces leçons renvoie à une tension qui a été constante tout au long de cette enquête : en quoi les comportements décrits sont-ils caractéristiques d'un « management de gauche », outre ceux qu'on retrouve dans le modèle salarial en général ?

Il me semble que le management dans ces organisations a ceci de spécifique qu'il s'appuie sur tout ce qu'il est possible de mettre dans la case « de gauche » (de l'idéologie, de la camaraderie, des valeurs, une éthique de l'engagement, etc). Et que cette spécificité

69 Wikipédia définit le *gaslighting* ou *gas-lighting*, ou « détournement cognitif » au Québec, comme une forme d'abus mental dans laquelle l'information est déformée ou présentée sous un autre jour, avec des omissions sélectives favorisant l'abuseur, ou faussée dans le but de faire douter la victime de sa mémoire, de sa perception et de sa santé mentale. Les exemples vont du simple déni par l'abuseur de moments pénibles qu'il a pu faire subir à sa victime à la mise en scène d'événements étranges afin de la désorienter.

a une conséquence très concrète : l'engagement affiché et prôné par l'organisation constitue un obstacle supplémentaire pour les salarié·es. Je parle d'un obstacle supplémentaire et non d'une situation pire que dans le reste du monde du travail, la distinction est importante. Au fil des entretiens que j'ai réalisés et de mes propres expériences, il m'est apparu que l'engagement « de gauche » venait brouiller ou masquer les rapports au travail. Lorsqu'un conflit ou un problème survient, le·la salarié·e doit faire face au discours et aux pratiques de management de gauche en plus du problème en cause, qui peut d'ailleurs être commun à d'autres situations de travail. L'engagement « de gauche » vient brouiller ou masquer les rapports au travail : c'est ce que j'ai vécu dans cette dernière expérience, le panneau dans lequel je suis (encore) tombé : la couche de vernis « de gauche » de l'organisation m'a empêché de prendre de la distance avec ce qui m'arrivait et d'utiliser des outils courants en cas de conflit au travail. C'est ce que disait aussi une personne interrogée, Mathieu : dans une entreprise classique, il se serait directement syndiqué et aurait assumé une relation patron-salarié et des revendications bien plus facilement. Le management de gauche agit comme un nuage de fumée, un *gaslight* qui complique le fait de saisir les enjeux, de comprendre les dangers et de prendre des mesures pour se défendre.

C'est ce que ce manuel a tenté de faire : discerner l'écran de fumée du management de gauche pour le dissiper et se concentrer sur les enjeux de fond, liés à la subordination salariale.

Prendre ses distances, la vie au-delà du salariat

Cette expérience m'a permis de repenser mes appels à l'action pour les salarié·es des organisations engagées. Ce n'est pas si facile. Lorsqu'on a des soucis au travail et qu'on en parle à notre entourage, celui-ci nous conseille souvent de parler aux autres salarié·es ou à un syndicat. J'avais l'habitude de faire partie de ces personnes. C'est sans doute la meilleure solution, mais ce n'est pas si simple dans la pratique. Réagir signifie accuser le coup mais rester serein·e, accuser les nouveaux coups qui viennent une fois qu'on signale le problème, tenir malgré ce qu'on nous dit et les doutes qui surgissent. Réagir comme il faut n'a rien de facile. Il n'y a pas d'injonction à tenir, à tout-faire-comme-il-faut. La fuite est aussi une forme de résistance, me disait Laurence Meyer[70]. L'appel à s'organiser que propose ce livre n'est pas une injonction ni une exigence, mais une invitation.

Toujours est-il qu'il m'a semblé que le principal enjeu dans les conflits et souffrances au travail réside dans la difficulté de prendre de la distance pour apprécier la situation, avant de pouvoir agir. On peut être plus ou moins au clair sur nos droits et les stratégies d'action collective et syndicale, mais quand un problème nous concerne directement, ces notions semblent abstraites et extérieures à notre situation. L'enjeu est alors de prendre de la distance.

70 Laurence Meyer autrice de l'article « Utopies de la marge. Où vont nos espoirs ? », *Assiégées*, n° 4, septembre 2020.

Dans mon cas, et c'est là-dessus que je souhaite conclure ce manuel d'anti-management, je suis parvenu à reprendre le contrôle de la situation en sortant de l'emprise du travail salarié dans ma vie. C'est grâce à ce qui y existait de non-salarial, dans l'espace hors-salariat de ma vie, que j'ai pu trouver un repos, un soutien et une solution à mes problèmes au travail : le soutien de mon entourage, de ma communauté, les activités que je menais en dehors du travail. Que signifie ce recours aux espaces et moments en dehors du salariat ? L'idée est ici de préciser qu'un manuel d'anti-management ne peut faire l'économie d'une critique du salariat dans ce qu'il a d'englobant dans nos vies. Il rythme nos semaines, nos mois et nos années, il nous définit socialement et nous permet de vivre économiquement.

Il m'apparaît nécessaire de clore ce manuel avec un appel à remettre en cause la centralité du travail dans nos vies. C'est sur ce sujet que travaille la philosophe et sociologue Dominique Méda[71], qui invite à penser le travail comme une activité – définie comme productive – incluse dans un ensemble plus général regroupant différentes activités humaines comme l'activité politique, l'activité amicale ou relationnelle et l'activité personnelle visant à se développer librement. Ainsi, le travail n'est qu'une activité humaine parmi d'autres. Dominique Méda précise qu'il s'agit là avant tout d'un souhait, et on pourrait presque dire d'une revendication,

71 Dominique Méda, « Centralité du travail, plein emploi de qualité et développement humain », *Cités*, 8, 21-33, 2001 (www.doi.org/10.3917/cite.008.0021).

visant à « circonscrire la place du travail » et à remettre en cause « l'illusion du travail comme vocation exclusive » des individus[72]. Il y a une vie avant, après et en dehors du travail.

Concrètement, qu'est-ce que ça implique ? Tout d'abord, d'assumer qu'il n'y a pas que le travail dans la vie et qu'il est possible (et même souhaitable) de développer d'autres activités pour son propre bien-être, mais aussi pour être en mesure de répondre aux problèmes du travail. De ce point de vue, je m'écarte un peu de la position de Dominique Méda qui cherche à rassurer en affirmant que la limitation du rôle du travail ne vise pas sa disparition. De mon point de vue, reconnaître et développer des activités non-salariées est un outil dans la remise en cause du salariat. La lutte des salarié·es passe aussi par un appui sur les outils et énergies données par ces autres activités pour revendiquer et circonscrire l'importance du travail dans nos vies. La vie hors-salariat est alors un outil pour prendre de la distance vis-à-vis des conflits du travail et, plus généralement, pour lutter contre l'emprise du travail dans nos vies.

À ce niveau de la réflexion, il importe d'être lucide sur ce que signifie cette capacité à mettre à distance le travail salarié et à développer des activités non salariées : cela suppose avant tout une certaine position sociale, permettant d'envisager d'autres activités que celles qui apportent un revenu.

Cette remise en cause passe par deux voies. La première consiste à développer d'autres activités, comme

72 *Ibid.*

autant de rappels qu'il y a une vie en dehors du travail et que le travail ne peut être l'unique activité d'une vie. Dans mon expérience personnelle, c'est en voyant l'ensemble des possibles en dehors du travail que j'ai pu relativiser mes problèmes pour finalement revenir avec une stratégie, des arguments et une meilleure confiance en moi. La seconde voie consiste à circonscrire directement l'activité salariée qu'est le travail. Partout et à chaque fois que c'est possible, la réduction du temps de travail, le recours à des périodes d'inactivité (avec les allocations chômages) ou à des arrêts maladies si nécessaire sont autant d'outils limitant directement l'activité salariée. Il n'est pas normal de souffrir au travail, de rentrer en larmes chez soi à la fin de la journée, d'y retourner le lendemain avec la boule au ventre. Il n'est pas normal de s'isoler au travail, de son entourage, de porter seul·e le poids de la pression productiviste et managériale. La santé et la sécurité physique et mentale des salarié·es est une obligation de résultat de l'employeur et une obligation de moyens des collègues entre elle·eux. Utiliser les outils du droit pour se protéger est légitime et nécessaire.

La dernière conséquence de cette revendication d'une limitation de l'emprise du travail salarié dans nos vies renvoie directement à l'objet de ce livre. Ma dernière expérience de travail dans une organisation engagée m'a rappelé que finalement, bien qu'on dispose d'outils pour saisir les enjeux d'une situation de travail et les solutions possibles, il reste toujours une constante : le travail salarié est par définition source de conflits. Le panneau dans lequel je suis (encore) tombé était précisément celui de l'illusion qu'il est possible d'investir un espace paisible, sans conflits ni souffrances, où tout incident pourra être pris en charge et géré correctement. Il consiste encore à perdre de vue le fondement du salariat : la subordination. Tant qu'il y aura du salariat dans les organisations de gauche, il y aura des patrons de gauche, des comportements et du management de patron de gauche. Il est illusoire de penser qu'un tel espace de travail sans conflit est possible. Cela ne signifie pas qu'il faille naturaliser ou relativiser les conflits au travail, de se dire que les conflits ne sont pas si graves, qu'ils sont naturels et qu'il est vain de vouloir y répondre. À l'inverse, il s'agit de rappeler la nécessité de lutter précisément parce que le salariat porte en lui le conflit. Tout en restant lucide : le fond du problème est la subordination salariale et, disons-le clairement, la propriété privée des moyens de production sur laquelle repose le salariat.

« Je vis dans un monde où plein de choses que je pensais impossibles sont possibles[73]. » Cette phrase a été écrite par Guillaume Dustan, auteur gay, en pleine période d'expansion de la pandémie du VIH, avant l'apparition de la trithérapie en 1996. Le contexte est très différent, l'objet et les enjeux aussi. Pourtant, cette phrase me semble faire écho avec notre sujet. Dustan évoque un voyage depuis le monde des impossibles vers le monde des possibles. J'y vois un appel à la recherche du monde des possibles, à sortir de l'emprise du monde

73 *Dans ma chambre* est le premier roman de Guillaume Dustan, paru chez P.O.L. en 1996.

de l'impossible. Un appel à chercher ces possibles dans sa chambre[74] ou en soirée[75], comme Guillaume Dustan, ou dans la lutte, dans les activités individuelles ou collectives – bref, dans le monde hors du salariat.

74 *Ibid.*

75 *Je sors ce soir* est un roman de Guillaume Dustan paru chez P.O.L. en 1997.

BONUS 1

Test : Mon employeur souffre-t-il du syndrome du patron de gauche ?

Ceci n'est pas un questionnaire médical, mais s'en rapproche.

Un syndrome est la réunion de différents symptômes qui forment un tout, un état pathologique. Ici, les symptômes sont des comportements managériaux, le syndrome est celui du patron de gauche (dit « PdG »). Bien que l'employeur en soit le porteur, ce sont les salarié·es qui en subissent les conséquences. Tout l'enjeu est alors de détecter ce syndrome et d'en comprendre les symptômes pour que les personnes qui le subissent puissent se défendre.

Ce questionnaire est à remplir seul·e, entre collègues, à la plage ou dans la salle d'attente d'un rendez-vous avec un·e syndicaliste de l'union locale du coin.

Il n'est pas exhaustif – l'inventivité managériale n'a malheureusement pas de limites – ; il ne vise pas non plus à hiérarchiser les types de comportements nocifs. Sous chaque description, vous pouvez entourer de zéro à trois symboles en fonction du degré de proximité avec ce que vous vivez (un symbole : la situation me correspond un peu ; trois symboles : la situation me correspond beaucoup). Il suffit ensuite de compter les symboles sous chaque situation pour savoir à quel type d'employeur de gauche vous avez à faire.

Symptôme 1 : le déni du PdG

1 - Mon PdG est mal à l'aise avec sa position d'employeur. Il exprime son malaise par le refus de se former et insiste pour qu'on ne l'appelle pas « chef » et encore moins « patron ».

★★★

2 - Dans ses équipes, il mélange du travail salarié et du travail bénévole ou militant. Il n'hésite pas à comparer notre travail de salarié·es à celui des non-salarié·es et s'étonne qu'on ne soit pas aussi dévoué·es qu'ell·eux.

★★★

3 - Au quotidien, mon PdG est plutôt fuyant. Il ne nous donne pas d'indications claires, il n'y a pas d'organigramme précis. On se retrouve à faire des tâches qui sont de son ressort.

★★★

4 - Il prône l'horizontalité et parle beaucoup d'autogestion. Il est fier de nous laisser gérer l'organisation sans pour autant nous donner les moyens et les pouvoirs qu'il détient.

★★★

Symptôme 2 : l'engagement au service du management

5 – Ce n'est pas facile de parler de nos conditions de travail avec mon PdG, encore moins de salaire et de congés. Pour lui, on est là au service de La Cause et

notre salaire, c'est avant tout l'avancée de notre projet commun. Pour lui, la beauté du projet a un prix et on ne peut pas tout avoir : un travail qu'on aime, ou qui a du sens, et de bonnes conditions de travail.

▲▲▲

6 - Mon PdG parle de nous comme de « camarades » et même parfois d'« ami·es ». C'est difficile de faire la distinction entre le travail et l'engagement militant, entre le professionnel et le personnel. Pour lui, c'est simple, il n'y a pas de distinction.

▲▲▲

7 - Lorsqu'une personne signale une pratique discriminante, le PdG nous rétorque que l'organisation est profondément anti-discriminations, qu'il ne faut pas « exagérer », que les vraies oppressions sont en dehors de l'organisation.

▲▲▲

Symptôme 3 : « Fais ce que je dis, pas ce que je fais »

8 - Mon PdG aime nous tenir de beaux discours sur le sens qu'il donne à notre organisation, à notre « œuvre commune ». Le quotidien au travail est marqué par des considérations politiques ou de valeurs mais, à l'inverse, le quotidien du travail n'est presque jamais évoqué comme un enjeu politique ou de valeurs.

●●●

9 - On se sent constamment tiraillé entre les discours du PdG et la réalité du travail. On en arrive à croire ce qu'il dit et à minimiser ce qu'on vit.

●●●

10 - Lorsqu'on essaie de porter des revendications, on est ramené·e à des considérations générales et politiques. On a le sentiment qu'il faut doublement lutter, sur les conditions de travail et face au discours affiché.

●●●

Symptôme 4 : Le refus de toute remise en cause de son pouvoir

11 - Le discours engagé de mon PdG n'est pas seulement utilisé pour nous faire travailler, mais aussi pour nous faire taire. On parle d'engagement pour ne pas parler des problèmes.

■■■

12 – Mon PdG ne fait pas de réflexion politique ni ne prend de mesures pour lutter contre l'oppression de classe, de race, de genre, validiste ou d'orientation sexuelle au sein de l'organisation et au travail. Cela reviendrait à remettre en cause le fonctionnement et l'identité de l'organisation. Pour lui, c'est inenvisageable !

■■■

13 - Tout en maintenant des référentiels révolutionnaires, mon PdG n'hésite pas à utiliser son pouvoir

d'employeur pour nous sanctionner. Bien souvent, ses pratiques ne sont même pas légales mais peu importe pour lui, c'est lui le chef.

■ ■ ■

RÉSULTATS :

À la lecture de ce questionnaire, vous avez sans doute l'impression que quoiqu'il arrive, votre employeur est un patron de gauche. C'est normal et c'est plutôt sain, c'est la première leçon de ce livre : un patron, bien que de gauche, reste un patron.

Vous avez sans doute accumulé davantage de figures dans un ou deux symptômes. Ceux-ci vous aideront à définir le profil-type de votre employeur. Mais rien n'est figé : en fonction du moment, du contexte et de l'enjeu soulevé, votre employeur mettra plutôt telle ou telle casquette.

★ : Le camouflé

Le PdG camouflé se fait discret. Il est timide pour évoquer sa position d'employeur et pousse la timidité jusqu'à esquiver ses responsabilités de patron. Discret ne signifie pas inexistant, le PdG camouflé se cache derrière différents masques.

La difficulté pour vous est de soulever ces masques pour assumer la réalité de votre relation avec lui : une relation salariale.

▲ : Le Radicool

Le Radicool, c'est ce patron qui se veut radical et en même temps cool, avec parfois des poussées de

doctrines révolutionnaires. Jamais le dernier à parler théorie ou à sortir des discours éloquents, il se fait beaucoup plus discret (voire absent !) lorsqu'on évoque des considérations plus terre-à-terre comme les conditions de travail.
La difficulté avec le Radicool est de séparer le théorique, le discursif, des questions pratiques et concrètes du travail.

● : Le beau parleur-pipeauteur
Ce PdG aime faire de belles phrases, qui font mouche et qui sonnent bien. Pourtant, pour cell·eux qui le côtoient au quotidien (surtout au travail), la beauté du verbe sonne faux tant ses pratiques y sont radicalement opposées.
Toute la difficulté est de parvenir à faire un pas de côté, d'échapper au son du pipeau et de ramener le verbe à la réalité des pratiques au travail.

■ : L'autocrate
Dans un régime autocratique, il n'y a pas d'espace pour des contre-pouvoirs. Syndicats, collectifs, réunions informelles, en mixité choisie, toute organisation des travailleur·euses entre ell·eux est vécue par ce PdG comme un affront. Revendiquer ou s'organiser conduit alors à s'attirer ses foudres. Ce PdG utilisera alors tout ce qui est en son pouvoir, légalement ou non, pour vous faire taire.
Ici la difficulté est de parvenir à s'imposer, à résister aux attaques de votre employeur.

Définissez votre propre profil de PdG

La réalité dépasse souvent ce qu'on peut en dire. Il est possible que vos réponses ne permettent pas de départager le profil de votre PdG ou que vous souhaitiez définir un autre profil type de PdG. À vous de jouer :

....

....

....

....

....

....

....

....

....

BONUS 2
Que faire lorsqu'on subit un management de patron de gauche ?

Dans sa vie personnelle	Au sein de la structure
⇒ parler de sa situation, exprimer les besoins et demandes envers l'entourage (du soutien, de l'écoute, des conseils)	⇒ accumuler les preuves (par écrit; ne pas hésiter à échanger par mail ou même à retranscrire par mail des échanges oraux ; écrire en rappelant les faits, les dates, les problèmes et les solutions proposées)
⇒ trouver des espaces pour échanger sur ces problèmes et en comprendre les enjeux politiques	⇒ en parler à des collègues, récolter d'autres témoignages ⇒ s'assurer du soutien et de la bonne information de collègues
⇒ rejoindre un espace communautaire avec des pairs pour échanger avec des personnes ayant des expériences similaires	⇒ en parler aux représentants du personnel, aux syndicalistes

En dehors de la structure		
Organisations de lutte	Institutions	Saisir la justice
⇒ contacter un syndicat (professionnel, selon le métier ou le secteur d'activité ou territorial, par l'union locale près de chez soi) ⇒ contacter une association (d'aide juridique, spécialisée sur le travail) ⇒ contacter une association ou un collectif communautaire	⇒ médecin traitant (l'arrêt maladie est un droit lorsque l'on souffre du travail)	⇒ secteur privé : recours au Conseil des Prud'hommes (recours civil)
	⇒ les services de la médecine du travail	⇒ action de groupe portée par des associations des syndicats
	⇒ l'inspection du travail, un signalement anonyme est possible	⇒ recours pénal : déposer plainte auprès du procureur de la République, d'un commissariat ou d'une gendarmerie
	⇒ saisir le défenseur des droits	

BONUS 3

Pistes pour une charte ou des accords d'entreprise sur les conditions de travail

Là encore, l'objectif n'est pas de fixer des critères uniques et universels, mais d'imposer une réflexion sur le travail, de s'adapter aux réalités de l'organisation, d'expérimenter et de faire évoluer les dispositifs en place. Les quelques points qui suivent proviennent d'idées évoquées par les personnes interrogées et d'exemples d'accords d'entreprise passés dans des organisations de gauche. Il s'agit à chaque fois de déterminer des conditions meilleures que celles prévues par le droit actuel :

- ★ Formalisation de l'espace réel de prise de décision : rechercher la personne ayant réellement le pouvoir d'employeur, assumer ce rôle ; rechercher également le réel collectif de travail et éventuellement reconnaître une unité économique et sociale (UES, §32).
- ★ Signalement des violences au travail : mesures de prévention (formations, affichages) et procédures de signalement des violences sexuelles et sexistes, racistes, validistes, homophobes, classistes ; mesures de protection des personnes victimes. La notion de protection de salarié·e existe en droit avec notamment le statut de salarié protégé ou de lanceur·se d'alerte : protéger les victimes de violence est loin d'être illusoire.

- ★ Expression des salarié·es : espaces et moments de réunions entre salarié·es, entre minorités, et espaces d'échanges avec l'employeur. Instances de représentation du personnel y compris en dessous des seuils légaux ou par la reconnaissance d'une unité économique et sociale. Espace d'information, de formation et d'expression pour les syndicats. Moyens mis à disposition des représentants des salarié·es et des syndicats : local, matériel et moyens financiers, espaces et moments d'échanges des représentant·es avec les salarié·es.
- ★ Dispositions sur les conditions de travail : conditions d'embauche, temps de travail (horaires, repos, congés payés, astreintes), éléments de rémunérations (primes et leur fréquence, indemnisation des frais de repas, rémunération et compensation des heures supplémentaires).
- ★ Dispositions pour repenser le travail engagé : reconnaissance du travail fourni par les bénévoles et militant·es, reconnaissance des activités militantes gratuites.

BIBLIOGRAPHIE INDICATIVE

Marie Dasylva, *Survivre au taf. Stratégies d'autodéfense pour personnes minorisées*, Daronnes, 2022
Mathilde Viot, *L'Homme politique, moi j'en fais du compost*, Stock, 2022.
Stella Fihn et Lily Zalzett, *Te plains pas, c'est pas l'usine. L'exploitation en milieu associatif*, Niet, 2020
Le Grimm, *Nous n'irons plus pointer chez Gaïa. Jours de travail à Kokopelli*, Éditions du bout de la ville, 2017.
Thomas Coutrot, « *Libérer le travail, Pourquoi la gauche s'en moque et pourquoi ça doit changer* » Seuil, 2018.
Maud Simonet, *Le Travail bénévole. Engagement citoyen ou travail gratuit ?*, La Dispute, coll. « Travail et salariat », 2010.
Maud Simonet, *Travail gratuit : la nouvelle exploitation ?*, Textuel, 2018

REMERCIEMENTS

À l'origine de ce projet, il y a eu la rencontre avec Marie Hermann, mon éditrice, c'est elle qui m'a proposé d'approfondir mes réflexions et d'en faire un livre. Trois ans se sont écoulés avant la publication. Durant cette période, Marie m'a soutenu à chaque étape, dans les moments de doute et de découragement. Elle a réalisé un travail de soin et d'édition sans lequel je n'aurai jamais pu sortir ce livre. Je tiens à la remercier ici.

Je remercie les personnes interrogées pour leur confiance et leur intérêt dans ce projet. Je leur souhaite une bonne continuation malgré ou après des expériences difficiles au travail, comme a tenté de l'analyser ce livre.

Je tiens également à remercier mon amie et camarade Laurence Meyer qui m'accompagne dans mes réflexions et me montre l'exemple politiquement et intellectuellement. Merci à elle. Merci également à Toto et Mickaël Castro, mes amis proches et camarades. Merci à Pablo Castaño Tierno pour nos échanges et sa relecture.

Je tiens à remercier mes ami·es et camarades de la comu'. Ielles m'ont montré qu'il y a une vie en dehors des études, du travail… et de l'hétéronormativité. Ielles m'ont formé politiquement et ont participé à faire de moi la personne que je suis à présent. Je les en remercie. Je ne vais pas pouvoir lister ici l'ensemble des personnes qui forment cette comu' mais je tiens tout de même à en nommer quelques-unes. Je pense à Pto, Sharlen, Lu, Jasmin, Adé, Saxha, Al, Nancy, Alexe, Vinaï, Fra, Jaime et Marvin. Nos conversations et moments ensemble m'ont accompagné dans ce projet.

Je tiens à remercier, enfin, mes parents, Sylvie et Jean-Marc, pour leur présence, leur soutien et leur esprit critique y compris face à notre propre camp, la « gauche ». Merci également à ma sœur, Coppélia, avec qui je partage un même idéal de lutte pour la défense des travailleur·euses.

TABLE DES MATIÈRES

Achevé d'imprimer en novembre 2024 sur les presses de
La Sepec numérique

Pour le compte des éditions Hors d'atteinte
42, rue Saint-Saëns 13001 Marseille

Diffusion et distribution en France, en Belgique, en Suisse
et au Québec, distribution dans le reste du monde :
Harmonia Mundi Livre
Mas de Vert – CS 20150
13631 Arles Cedex
Tél. +33 (0)4 90 49 58 05
adv-livre@hmlivre.com

Dépôt légal octobre 2022
Imprimé en France Certifié PEFC

PEFC
10-31-3632